박선물의 선물투자

고수(高手)의 법칙

외환선물(주) 박선물·김기명 공저

新 진리탐구

머 리 말

지행일치(知行一致).

아는 것(知)과 행동하는 것(行)이 같아야 한다(一致)는 의미이다.

이 말을 실천하기가 가장 힘든 분야가 아마 증권시장이 아닌가 싶은 생각에 첫 마디에 인용해 보았다.

최근 몇 년 사이에 투자자들의 분석기법과 증권사의 HTS는 놀랍게도 발전하였다.

투자자들은 손쉽게 뛰어난 분석 프로그램을 이용할 수 있으며, 다양한 형태로 차트를 분석할 수 있게 되었다.

그러나 주식이나 선물시장에서 고수익을 내기 위해서 뛰어난 분석 프로그램이 아니라 자기 자신이 결정적인 역할을 하고 있다.

그래서 필자는 기술적인 부분과 더불어 투자자의 자세에 대하여 계속해서 언급하고 있다.

처음에는 투자자의 마음가짐에 대하여 언급하고 있다.

그 동안의 필자의 경험과 초보 투자자들의 실제 사례를 통하여 투자자가 지녀야 할 기본적인 자세를 처음부터 소개하고 있는데, 이 부분이 기술적인 부분에 앞서 선행되어야 한다.

이후부터는 주로 기술적인 부분이고, 이론적인 면보다는 실전에서 적용하기에 무리가 없게끔 비교적 쉽게 서술하려고 노력하였다.

주식보다는 선물차트 위주로 사례를 들고 있으나, 개별 주식종목에도 동일하게 해당된다고 할 수 있다.

알고 있으되 실천하지 못하는 미련을 조금이나마 줄이기 위한 매매방법을 2부와 3부에서 30분 치트를 위주로 언급하고 있다.

4부에서는 유용한 기술적 지표인 일목균형표에 대한 내용으로, 최근 선물차트의 실제 사례를 통해 분석기법을 소개하였다.

마지막으로 한국선물거래소(KOFEX)에 상장되어 있는 국채(KTB)선물과 원달러(USD) 선물에 대하여 간략하게 언급하였다.

이 책은 "지금 매수냐 매도냐"를 분석하기 보다는 "지금이 진입시점인가 아닌가"에 초점을 맞추려고 노력하였다.

그리고 필자가 언급한 매매기법 이외에도 얼마든지 자기가 새로운 매매기법을 개발할 수 있다는 것을 전하고 싶다.

그래서 남에게 의존하지 않고 자기 자신의 매매기법으로 시장에 대응할 수 있는 능력을 키울 수 있기를 바라는 마음이다.

이 책 전체를 통해 소개되고 있는 여러 사례를 통해 여러분이 나름대로의 투자지표를 마련하기 바라며, 그것을 실천할 수 있기를 바란다.

그렇다면 여러분은 자신도 모르게 고수(高手)의 길로 접어들고 있는 것이다.

이 책이 선물 트레이더를 위한 지침서로서 큰 역할을 할 것으로 기대하며, 이 책을 활용하는 모든 트레이더들에게 큰 행운이 함께 하길 기원한다.

2003년 9월, 가을이 오는 문턱에서
박 선 물

추천의 말 · 1

초저금리 시대를 맞이하여 마땅한 투자처를 찾지 못하던 투자자들이 증권시장에 관심을 가지며 새롭게 참여하고 있지만, 이익은 커녕 큰 손실로 인해 고통의 날들을 보내는 경우를 주변에서 흔히 볼 수 있다.

개인 투자자들은 정말 증권시장에서 수익을 내기가 힘든 것일까?

개인 투자자들이 계속해서 손실을 보는 이유는 어디에 있는 것일까?

정보나 자금면에서 개인투자자들은 기관과 외국인에 비해 훨씬 떨어지는 것은 사실이나, 이것이 근본적인 이유라고 할 수 없을 것이다.

그렇다면 그 해답은 어디에서 찾아야 할 것인가?

많은 투자자들이 기술적 분석(Technical Analysis)에서 그 해답을 찾고자 꾸준히 노력하고 있다.

기술적 분석이야말로 감(感)에 휩싸이기 쉬운 투자자의 마음을 객관적으로 대응할 수 있도록 해주는 합리적인 도구가 되기 때문이다.

많은 기술적 분석 책이 소개되어 있지만, '고수의 법칙'이야말로 투자자들에게 가장 중요한 점을 깨우치고 있다.

수 년 간의 증권업에 종사하면서 느낀 개인투자자의 가장 큰 단점은 투자시기가 적당할 때까지 기다릴 줄 아는 인내가 부족하다는 것이다.

이런 측면에서 '고수의 법칙'은 진입할 '시점'과 '인내'의 마인드를 강조하면서 실제 트레이딩에 활용할 수 있도록 되어 있어 초보 투자자들도 고수익을 올릴 수 있는 투자 지침서가 될 것이라는 확신을 가지고 있다.

주로 KOSPI200선물을 위주로 소개되어 있지만, 주식이나 옵션, 기타 상품에서도 아주 유용하게 활용할 수 있을 것이다.

물론 저자가 소개한 기법이 절대적인 기준이 될 수는 없지만, 독자들은 '고수의 법칙'을 토해 자기만의 매매기법을 개발하는데 중요한 지식을 갖출 수 있게 될 것으로 확신한다.

평소 초보 투자자들 대상 무료교육을 통해 선물활성화에 힘쓰고 있는 외환선물(주) 부산지점에서 그 동안의 경험과 노하우를 모아 책으로 출간했다는 소식에 기쁨과 고마움을 느낀다.

끝으로 독자들의 좋은 투자성과가 있길 바라며, 앞으로 저자와 외환선물(주) 부산지점의 무궁한 발전을 기대 한다.

2003년 10월
한국투자신탁증권 사하지점장
김 영 구

추천의 말 · 2

일본 막부시대에 도지마 쌀 거래소에서 오늘날의 선물과 유사한 형태의 거래가 이루어지면서 선물시장은 진화되어 왔다.

세계 최대의 선물거래소인 미국의 시카고상품거래소(CME)에서는 1972년부터 이미 국제통화시장(IMM)을 신설, 7개국 통화를 대상으로 한 새로운 형태를 선물거래를 시작하였다.

우리나라에서는 1999년에 통화선물과 금리선물, 상품선물 등이 한국선물거래소(KOFEX)에 상장되었지만 3년물 국고채 금리선물을 제외한 나머지 상품의 거래량은 미미한 수준이다. 반면에, 한국증권거래소(KSE)에 상장된 KOSPI200선물은 2003년 10월 현재 일일평균 거래량이 20~30만 계약에 달하는 빠른 발전을 보였고, KOSPI200옵션은 일일평균거래량이 약 1,000만 계약을 육박하는 세계 제1의 파생상품으로 성장하였다.

이 같은 빠른 성장에는 개인투자자의 참여가 큰 몫을 담당하고 있는데, 정교한 투자기법과 풍부한 자금으로 시장을 지배하고 있는 외국인의 시장 주도권에 전전긍긍하고 있는 실정이다.

이 책은 막연한 기대감으로 대박을 꿈꾸는 개인투자자 및 전문 트레이더에게도 객관적이고 명확한 투자지표를 제시하고 있다.

기본적으로 투자 마인드가 정석대로 형성되지 않은 투자자들은 적은 수익과 큰 손실로 인해 투자손실에 아픔을 느끼는 경우가 대단히 많은 것이 현실이다.

이런 면에서 이 책은 적은 손실과 큰 수익을 낼 수 있는 투자원칙을 제시하여 그야말로 고수의 길로 인도하는 길잡이가 될 수 있다.

유용한 기술적 지표인 일목균형표를 중심으로 변곡점을 활용한 매매기법과 추세를 활용한 매매기법을 체계적으로 정리하여 최근의 실제 사례를 통해 설명하고 있어, 실전에 효과적으로 활용할 수 있도록 집필되었다. 또

한, 개인 투자자들이 평소 관심이 없던 국고채(KTB)선물과 원달러(USD)
선물을 소개하여 소액투자자들에게 또 다른 투자기회를 소개하고 있다.

　명확한 기준 없이 손실을 지속적으로 입게 되는 투자자들에게는 아주
좋은 투자 지침서가 될 것이다.

　끝으로 이 책이 앞으로 모든 투자자들에게 고수의 길로 들어서는 나침
반이 될 것을 확신하며, 바쁜 업무에도 작업을 마친 저자에게 격려를 보
낸다.

2003년 10월

부산경상대학 경제학박사

최　상　태

차 례

머리말 · · · · · · · · · · · · · · · · · 5

추천의 말 · 1(한국투자신탁증권 사하지점장 김영구) · · · · · · 7

추천의 말 · 2(부산경상대학 경제학박사 최상태) · · · · · · · 9

1부 트레이더의 기본적 자세 · · · · · · · · · 13

2부 변곡점을 활용한 매매 · · · · · · · · · · 23

　　· 1장   30분 차트의 활용 / 27

　　· 2장   일목균형표의 활용 / 45

　　· 3장   이동평균선의 활용 / 59

3부 진입기준 · · · · · · · · · · · · 69

　　· 1장   가격기준 / 73

　　· 2장   기술적 지표 기준 / 81

　　　　1. Stochastic의 교차 / 84

　　　　2. Stochastic %K선의 반전 / 87

　　　　3. MACD 오실레이터의 반전 / 90

　　　　4. CCI / 94

4부   일목균형표의 세계 · · · · · · · · · · · · · · · · · 101

   · 1장 전환선의 활용 / 105

   · 2장 기준선의 활용 / 119

   · 3장 후행스팬의 활용 / 127

   · 4장 선행스팬1, 2의 활용 / 135

   · 5장 일목균형표의 응용 / 167

5부   데이트레이딩 · · · · · · · · · · · · · · · · · · · 193

   · 1장 호가잔량오실레이터의 활용 / 197

   · 2장 시가, 고가, 저가, 종가의 활용 / 215

   · 3장 피봇의 활용 / 231

   · 4장 기술적지표의 복합 / 239

6부   새로운 투자기회 수단 · · · · · · · · · · · · · · 249

   · 1장 국채(KTB)선물 / 251

   · 2장 원달러(USD)선물 / 261

제 1 부

트레이더의 기본적 자세

흔히들 선물옵션시장을 전쟁터와 비유하곤 한다.

그렇다, 바로 총성 없는 전쟁인 것이다. 고도의 투자전략으로 무장된 외국인과 기관, 그리고 개인들이 그야말로 머니전쟁(Money War)을 벌이는 곳이다. 이런 치열한 전쟁터에 대한민국의 순진한 개인투자자들은 어이없이 패하는 경우를 쉽게 찾아 볼 수 있다.

그 원인 과연 어디서 찾을 수 있는지에 대답은 바로 자기 자신과의 전쟁에서 쉽게 패(敗)하기 때문이다.

필자가 처음부터 투자자의 마음가짐을 언급하는 이유는 이것이 가장 중요하기 때문이며, 자기 자신과의 싸움에서 이기면 반드시 승리할 수 있다는 확신이 있기 때문이다.

개인투자자들이 왜 손실을 보는 경우가 많은가, 그 이유와 대책은 과연 없는가에 대한 질문을 스스로 해 왔다.

그 동안의 필자의 경험과 많은 개인 투자자들을 접하면서 느낀 점을 토대로 다음과 같이 몇 가지 제안하고자 한다.

1. 실전매매하기 전에 반드시 모의투자를 해라.

선물옵션시장에 처음 참여하는 초보 투자자들은 무모할 만큼 용감하다.

대부분 주식에서 손실을 본 투자자들이 단기간에 손실을 만회해 보려는 의도로 선물시장에 뛰어드는 경우가 많다.

그러다 보니까 아무래도 성급하고 무리하게 배팅을 하는 것 같다.

'급할수록 돌아가라'는 옛말이 있듯이 충분한 검증을 거친 후에 시장에 참여하는 것이 바람직하다.

최소한 3개월 이상은 모의투자를 통해 상품에 대한 기초지식과 특성 및 자기 자신의 문제점, 매매기법 등에 대해 충분한 검증을 거쳐야 한다.

모의투자 할 수 있는 사이트는 인터넷에서 쉽세 찾을 수가 있어 어려움은 전혀 없다.

팍스넷(www.paxnet.co.kr)이나 LG증권(www.iflg.com) 등에서 실제

상황과 동일한 조건에서 모의거래를 할 수 있다.

필자가 앞으로 소개하는 매매기법을 토대로 나름대로의 매매기법을 개발하여 모의투자를 통해 충분한 검증을 거친 후에 실전에 참여하기 바란다.

지금 당장 시장에 진입하지 않으면 마음이 불안하고 조급해지는 투자자들이 가끔 있다. 시장은 영원히 존재할 것이며, 수익을 낼 수 있는 기회는 언제든지 찾아온다. 절대 조급해 하지 말고, 시간적인 여유를 두고 접근하는 것이 바람직하다.

2. 감(感)에 의한 매매는 결국 패(敗)하고 만다.

가격이 앞으로 상승할 것인가, 하락할 것인가에 명확한 답은 아무도 알 수 없다.

그러나 기술적 분석을 통해 어느 정도의 가능성은 예상해 볼 수가 있다.

초보 투자자들에게 차트를 활용하여 투자할 것을 적극 권하고 있지만, 실제로 많은 투자자들이 감에 의존하는 경우가 많다.

단기간에 가격이 많이 상승하였다면, 대부분의 투자자들은 단기 하락에 대한 큰 기대감을 가지게 된다.

당연한 인간의 심리라고 할 수 있지만, 시장은 냉정하게 외면해 버리는 경우가 많다.

주식 손실로 인해 평소 부정적인 시황을 가지고 있던 K모씨의 사례를 들어 보자.

종합지수가 2003년 3월에 512포인트를 기점으로 외국인의 폭발적인 매수세가 이어지면서 7월에 690포인트까지 급상승하고 있었다.

K모씨는 700포인트 돌파는 어렵다는 판단을 하고 투자자금의 50%인 1,500만원을 만기를 며칠 앞둔 시점에서 풋 옵션 외가격에 전부 매수를 하였다. 풋 옵션 외가격이라는 것이 지수가 큰 폭으로 하락을 하게 되면 단기간에 대박을 터뜨릴 수 있는 좋은 기회가 될 수도 있지만, 상승하거나

하락하더라도 소폭 하락하게 되면 투자자금 전부를 날릴 수 있는 아주 불리한 전략이다.

K모씨는 지난 9.11 테러 사건 때, 외가격 풋 옵션의 대박이 다시 한번 연출되기를 막연하게 기대했었는지 모른다.

이후에도 계속해서 외국인의 매수세가 이어지며, 옵션 만기일인 7월 10일은 종합주가 지수가 700포인트로 마감되었고, K모씨는 투자금액에서 한 푼도 건질 수가 없었다.

이처럼 막연한 기대감을 가지고 단기간에 대박을 노리는 투자자들을 가끔 본다. 운이 좋으면 감이 맞아 한 두 번 좋은 결과를 낳을 수도 있다. 하지만, 시간이 흐를수록 결국에는 패하고 마는 사례를 많이 보았다.

감에 의한 매매보다는 차트를 통한 객관적인 지표에 의해 접근하는 것이 바람직하다.

3. 매매일지를 써라.

매매일지는 흔히 쓰는 일기와 같이 하루의 매매에 대한 반성과 발전의 도구가 된다.

단순히 얼마에 사고 팔았느냐가 아니라, 당일의 매매내역을 상세히 기록하는 것이 중요하다.

필자의 경우에는 3분, 15분, 30분 차트를 프린트하고 당일 매매내역과 더불어 진입 이유, 청산 이유, 잘한 점, 못한 점 등을 상세히 기록하면서 당일 시가, 고가, 저가가 어느 가격에 왜 형성되었는지도 고민해 보았다.

이렇게 한 달만 매매일지를 써 보면 자신도 모르게 자신감을 갖게 될 것이다. 자신의 실력을 쌓는 방법 중에서 제일 좋은 것이 매매일지를 매일 작성해 보는 것이다.

초보 투자자들에게 적극 권하고 있지만, 동감은 하면서도 실천에 옮기는 투자자들은 찾아보기 힘들다. 이 정도의 시간과 노력도 없이 수익을 기대하는 것은 과한 욕심이 아닐까.

4. 손실을 키우지 마라.

변곡점을 찾을 수 있고, 손절매를 칼같이 할 수 있는 투자자라면 분명히 시장에서 승리자가 될 수 있다고 확신하다.

이론상 승률 50%인 시장이지만, 실제로는 평균 승률이 30~40%대 정도에 불과하다. 승률이 불리하다면 결국, 이익폭이 손실폭보다 커야 승리자가 될 수 있다. 장세가 지루할 때 필자는 가끔씩 인터넷에서 고스톱을 즐기곤 한다. 거기서 다른 사람들의 승률을 확인해 볼 수 있는데, 거의 대부분의 사람들의 승률이 30% 내외인 것은 흥미로운 일이다.

사이버 머니가 수백만원인 사람의 승률도 30% 내외이고, 10만원 이하인 사람의 승률도 30% 내외로 승률에서는 별 차이가 없다.

사이버 머니가 수백만원인 사람과 고스톱을 쳐 보면, 추가 점수를 얻을 가능성이 많으면 과감히 고(Go)를 부른다.

고박을 쓰더라도 손실은 얼마 되지 않기 때문에 해 볼만 한 것이다.

반대로, 사이버 머니가 10만원 내외인 사람의 경우에는, 충분히 고(Go)를 불러도 되는데도 불구하고 스톱(Stop)하는 경우가 많다.

선물시장에서도 마찬가지이다.

승률이 문제가 아니라 손실은 적게 보고 이익을 많이 보면 되는 것인데, 실패한 투자자들 대부분이 이익은 조금 보고 손실을 많이 키우기 때문에 패배자가 되고 만다.

어느 L모씨의 사례를 들어 보자.

L모씨느 평소 선물 데이트레이딩을 하면서 조금씩 이익을 내는 편이었다. 8월 11일 당시 선물지수는 90포인트의 지지여부가 최대 관건이었다.

시가에 89.80포인트로 시작하자 추가하락을 예상하여 3계약을 분할 매도하였고, 평균 매도가는 89.50포인트였다.

90포인트를 상향돌파하면 손절매하기로 전략을 세웠다.

선물지수는 89.10포인트까지 하락한 이후에, 90포인트 부근까지 반등을 주었고, 90포인트 부근에서 치열한 공방이 펼쳐졌다.

결국, 지수는 90포인트를 상향돌파하였고, 이 때 L모씨는 선뜻 손절매를 하지 못했다. 순간적으로 마음이 흔들린 것이다.

이날 종가는 90.50포인트로 마감되었고, L모씨는 포지션을 그대로 유지하였다. 이후에도 외국인의 주식 매수가 연일 이어졌고, 선물지수는 계속 상승을 하였다. 그 때까지도 포지션을 보유하고 있던 L모씨는 자금을 추가로 추입시키며 더 기다려 보기로 했다. 그야말로 막가자는 것이었다.

하루가 지날 때마다 계좌에서 돈이 수백만원씩 빠져나가는 고통을 감당하기에는 너무 힘들었다. 결국 97포인트 부근에서 큰 맘 먹고 손절매를 하였다.

750,000원의 손실을 9,750,000원으로 키운 것이다.

L모씨의 경우, 일단 진입은 변곡점에서 아주 잘 했다고 평가할 수 있다.

그러나 비교적 소폭의 손실을 두려워하여 큰 폭의 손실로 키우게 된 것이다. 만일, 90포인트 이상이 되면 자동으로 손절매 주문이 들어가는 기능을 이용했다면 손실은 750,000만원으로 제한되었을 것이다.

한 순간의 미련으로 말미암아 적은 손실을 눈덩이처럼 키우는 실수를 하지 않아야 승리자가 될 수 있다.

그렇다면, 과연 왜 손절매하기가 이렇게 어려운 것일까.

근본적인 이유는 인간의 미련이다.

손절매를 하지 않았을 때의 결과는 아무도 모르기 때문에 미련을 가지게 된다. 손실을 보고 있다가도 기다리게 되면 손실폭을 줄이거나, 오히려 수익으로 전환될 수도 있기 때문이다. 이 같은 경험을 몇 번 겪어 봤다면 아무래도 미련을 갖게 되기 마련이다.

따라서 손절매 기준에 해당되면 냉정하게 손절매를 하고, 이후에 결과에 대해서는 집착하지 말고, 겸허하게 받아들여야 한다.

5. 전문가는 없다.

아무리 뛰어난 전문가라도 100% 승률을 낼 수는 없다는 건 분명하다.

선물 특히 옵션시장 같은 경우에는 앞에서의 경우처럼 단 한번의 손실이 깡통이 되는 경우가 허다하다.

지난 해 여름, 60대 정도로 보이는 어느 한 분이 종이 한 장을 들고 심각한 표정으로 사무실을 찾아오신 적이 있었다.

모 증권사의 옵션 거래 내역이었는데, 도대체 어떻게 된 것인지 설명을 좀 해달라는 것이었다.

그 분의 말씀으로는 모 증권사의 투자전문가에게 3,000만원을 투자해 달라고 맡겼는데 계좌는 이미 깡통이 되어 있었다.

자세히 들여다보니, 외가격 풋 옵션을 100% 매수하였다가 일주일만에 모두 날린 것이었다.

내용을 설명해 드리자, 허탈하다는 표정으로 아무 말 없이 사무실을 나가셨다. 필자가 보기에도 너무 허무하게 투자금액을 날린 것이다.

필자도 주식투자 초보시절 당시 전국적으로 유명세를 떨치던 모 투자전무가의 도움을 받고자 참가 30,000을 내고 투자설명회를 찾은 적이 있었다.

추천종목을 소개받았고, 큰 의심 없이 투자금액 전부를 투자하였다.

결국, 50% 정도의 손실을 보고 나서 속았구나 하는 생각이 들었다.

그 때 당시 매수했던 시점이 최고가였고, 매수한 이후에 단 한 번도 오른 적이 없었다.

반대로, 전문가의 조언으로 좋은 결과를 얻은 투자자들도 많이 있을 것이다. 강조하고자 하는 것은, 전문가라고 하는 사람들도 시장에 잘 못 대응할 수도 있다는 것이며, 특히 파생상품의 시장에서는 단 한번의 실수가 돌이킬 수 없는 결과를 초래할 수 있으므로 전문가를 맹목적으로 추종하는 것은 바람직하지 않다는 것이다.

일부 투자자들의 경우, 고수라는 분들의 말만 듣고 무리하게 투자하였다가 큰 낭패를 보는 경우를 종종 볼 수 있는데, 자기 스스로가 전문가가 되도록 노력해 보자.

6. 유연한 사고를 가져라.

일부 투자자들 중에서 유난히 고집이 강한 투자자를 볼 수 있다.

고집이 강하다는 것은 이익을 낼 때 크게 낼 수 있다는 장점이 있지만, 손실을 볼 때도 역시 큰 손실을 볼 수 있기 때문에 파생상품에서 고집이 세다는 것은 바람직하지 않다.

시장은 폭락할 것 같은 분위기 내에서도 급반전되어 순식간에 폭등할 수도 있다는 유연한 사고방식을 지니고 있어야 한다.

"이 시장은 오를 이유가 전혀 없어", 혹은 "분명히 내리게 되어 있어"라고 확신을 가지고 시장에 참여하는 투자자들을 일부 볼 수 있는데, 시장은 자기의 의지와 전혀 상관없이 오르다가도 내리고, 내리다가도 오를 수 있다는 사고방식을 가져야 한다.

7. 기다려라.

"기다려라, 그러면 기회는 올 것이다."

시장은 언제든지 기회를 제공해 줄 수 있지만, 언제나 기회가 되는 것은 아니다. 기회가 올 때까지 기다릴 줄 아는 인내가 필요하다.

그렇다면 언제가 기회인가. 간단하다. 손실폭보다 기대 이익폭이 크다면 진입기회가 되는 것이다. 그래서 필자는 변곡점 부근에서의 진입을 강조한다.

손실은 조금, 이익은 크게 기대해 볼 수 있는 좋은 기회가 되기 때문이다.

투자자는 지수가 변곡점에 도달할 때까지 기다릴 줄 아는 인내와 여유가 필요하며, 변곡점에서는 과감한 진입과 칼같은 냉정함이 승리자가 될 수 있는 조건이 된다.

8. 이 밖에 언급하고 싶은 것들이 많이 있으나 앞으로 진행될 내용에서 수시로 언급하도록 하겠다.

　지금까지 언급 내용들은 모의투자를 통해 충분히 훈련할 수 있길 바라며, 자기 자신이 시장에 대응하기 어려운 성격이라고 판단되면 시장에 참여하지 않는 것이 옳다.

　어떤 고수의 말을 인용해 보면, 수익을 내도 기분 나쁠 때가 있고 손실을 봐도 기분 좋을 때가 있다고 한다.

　이 말의 핵심은 결국 자기의 매매기준을 어겼을 때의 결과는 손익을 떠나 앞으로의 매매에 있어서 좋지 못한 영향을 줄 수 있기 때문에 바람직하지 않다는 얘기일게다.

　이 같은 투자자세가 반드시 필요하다.

　골목길 떡볶이 장사를 하든, 혹은 붕어빵 장사를 하든간에 당사자는 많은 정보를 수집하고 나름대로 판매전략도 세워 보면서 과연 장사가 잘 될 것인지 고민을 하게 된다. 그런데 이상하게도 증권시장에는 아무런 준비 없이 뛰어드는 묻지마 투자자가 많다 주위에서 쉽게 돈을 버는 것 같아 자신도 충분히 그럴 수 있다는 생각일게다.

　시장은 절대 만만하지가 않다, 충분한 훈련을 거치지 않으면 절대 살아남기 어려운 시장이다. 명심하자.

제 2 부

변곡점을 활용한 매매

차트는 속일 수 없다는게 필자의 평소 견해이다.

그래서, 많은 투자자들이 차트를 연구하고 나름대로의 매매기법을 찾고자 노력하고 있으며, 더 좋은 차트분석 프로그램을 이용하고자 하는 것이다.

그러나, 특별한 분석도구도 없으면서 단순히 차트 하나만으로도 좋은 수익을 내는 투자자들도 많이 있다.

필자도 그 동안 선물시장에서 여러 가지 분석기법을 연구해 왔지만, 가장 간단하면서 안정적인 매매기법이 30분 차트를 활용하는 것이라는 견해이다.

그리고, 일봉과 주봉을 활용하면서 변곡점을 찾고, 그 변곡점 부근에서만 진입을 하는 게 가장 바람직한 투자 방법이다.

많은 투자자들이 매일 매일 시장에 진입을 하지 않으면 초조해 지는 중독성을 지니고 있는 듯 하다.

마치 하루라도 술을 마시지 않으면 불안하고 손발이 떨리는 알코올 중독자처럼.

이 같은 원인은 빨리 수익을 내려는 조급한 마음 때문이다.

실제로 고수들은 매일 매일 시장에 진입하지 않는다.

진입을 자주하면 수익이 많이 날 것 같지만, 실제로 그렇지 않은 경우가 많다.

10번의 매매보다 단 1번의 매매수익이 클 수도 있음을 깨달아야 한다.

그럼, 언제 진입할 것인가.

이제부터 변곡점을 이용한 매매기법에 대해 알아보자.

제 1 장

30분 차트의 활용

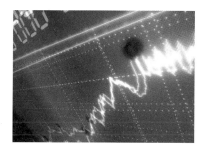

투자성향에 따라 일봉 차트를 이용할 수도 있고, 1분 차트를 이용할 수도 있다.

어느 것이 좋다 나쁘다 운운할 수 있는 소지가 못된다.

모든게 동전의 양면과 같아서 좋은 점이 있는 반면에, 동시에 나쁜 점도 가지고 있는 양면성이 있기 때문이다.

필자가 알고 지내는 어느 분은 평소 파생상품과 관련된 교육이라면 대단한 열의를 보이는 분이 계셨는데, 왠만한 교육은 장소를 가리지 않고 전국 어디라도 찾아 가시는 분이 계셨다.

2년 전에는 미국현지에서 재미교포가 개최하는 강연회에 수천달러의 강의료를 지불하고 교육을 받고 오신 적이 있었다.

미국에서의 교육이라고 뭐 특별난게 있겠느냐는 생각이 들었지만, 그래도 주로 어떤 내용이었는지 궁금해서 물은 적은 있었다.

한참이 지나 겨우 들을 수 있었는데, 결론은 일봉 차트를 보고 투자하라는 내용이었다.

예상대로 특별한 투자 비법이 있는 것은 아니었고, 왠만한 투자자들이라면 공감하는 내용이었다.(여러분은 지금 이 순간 수천달러의 비용을 번 셈이다.)

이처럼, 남들이 모르는 특별한 비법이 있어서 수익을 내는 것은 절대 아니다.

아주 단순하고 기본적인 매매가 가장 좋다고 할 수 있다,

KOSPI200선물시장에서는 일봉과 더불어 30분 차트가 단기적인 지지선 및 저항선으로의 변곡점을 찾는데 유용하게 이용할 수 있다.

지금부터 30분 차트를 이용하여 변곡점을 찾는 연습을 해보자.

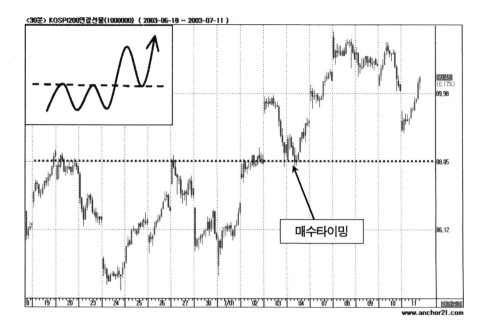

〈30분〉 KOSPI200연결선물(1000000) (2003-06-18 ~ 2003-07-11)

매수타이밍

www.anchor21.com

지난 6월 20일과 27일은 88포인트 부근에서 단기 고점을 형성
하였다.

따라서 88포인트는 변곡점이 되는 가격대라고 할 수 있다.

88포인트 부근에서 저항을 받았다는 학습효과로 인해 앞으로 88포인트
부근에 접근하면, 시세의 어떤 변화가 일어날 수 있기 때문에 단기 변곡점
이라고 할 수 있다.

따라서, 7월 1일 이후부터는 88포인트에서 진입기회를 노리는 것이 바
람직하다.

7월 3일은 저항선인 88포인트를 갭상승하면서 돌파하였고, 이제부터
88포인트는 강한 지지선으로 작용하게 된다.

따라서 90포인트에서 하락한다면 88포인트에서 손절매 폭을 미리 정하
고, 매수의 진입기회를 노리는 전략이 바람직하다.

7월 3일, 결국 90포인트에서 매물이 쏟아지며 단기 급락한 지수는 지지선이 88포인트까지 하락하게 되는데, 이 때 88포인트는 지지선이므로 매수의 기회를 노려야 한다.

진입을 할 때는 반드시 손절매에 대한 기준을 가지고 있어야 하는데, 30분 차트 종가상 88포인트 이하가 되거나, 진입가격 대비 일정폭 이하이면 손절매를 해야 한다.

88포인트 이하로 하락하지 않으면, 최소한 직전 고점인 90.00포인트까지 보유해 볼 만하다. 이처럼 변곡점인 88포인트에서 진입을 했을 때, 손실폭은 소폭으로 제한할 수 있으며 이익은 최소한 2.0포인트 정도 기대할 수 있다.

이같은 방법으로 매매를 한다면, 3~4번 연속해서 손실이 발생한다 해도 1번의 성공으로 결국 이익을 볼 수 있게 된다.

다시 말해, 승률이 30% 정도라도 이익을 볼 수 있게 되는 것이다.

여기서 변곡점인 88포인트가 아닌, 즉 89포인트나 87포인트에서 진입하는 것은 바람직하지 않다고 할 수 있다.

변곡점이 아닌 지점에서는 시세의 출렁임이 많을 수 있기 때문에 손실에 대한 두려움으로 인해 이익을 길게 보유하기가 힘들어 지게 된다.

일부 개인 투자자들을 보면, 변곡점이 아닌 애매한 지점에서 진입하여 가슴 조이며 모니터를 지키는 분들이 계시는데 절대 그럴 필요가 없다.

변곡점인 88포인트에서 진입기회를 노리는 인내와 88포인트에서 진입할 수 있는 과감성, 그리고 88포인트 이하로 하락 시 칼같이 손절매할 수 있는 냉정함이 필요하다.

이 때의 손절매 폭은 비교적 소폭이므로, 손절매에 대한 스트레스는 적을 것이다.

손절매는 모든 전략의 기본인 것을 명심하자.

■ ■ ■ ■ ■

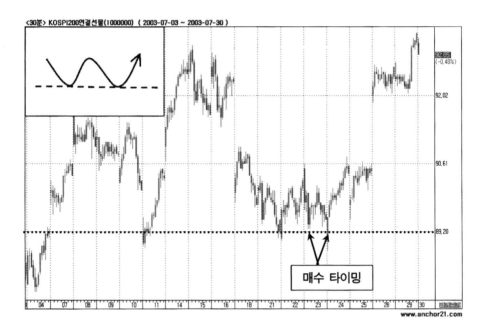

<30분> KOSPI200연결선물(1000000) (2003-07-03 ~ 2003-07-30)

매수 타이밍

www.anchor21.com

일반적으로 갭하락하고 난 이후에 강한 반등을 주는 가격대는 중요한 지지선이 된다.

7월 11일 갭 하락으로 출발한 지수는 89포인트에서 93포인트 부근까지 급반등하여 강한 시세를 분출하였는데, 이 때 90포인트는 앞으로 중요한 지지선으로 작용하게 된다.

(반대로, 갭 상승한 이후에 급락하는 가격대는 중요한 저항선이 된다.)

따라서 89포인트에 접근할 때마다 매수의 기회를 노려야 할 것이며, 89포인트 이하로 하락한다면 손절매하는 전략을 세워야 한다.

89포인트에서 매수진입은 못한다 하더라도, 최소한 매도진입을 절대 해서는 안된다.

단기차트를 보는 투자자들 중에서 89포인트에 매도로 진입하는 투자자들이 있는데, 30분 차트상으로는 적어도 매도타이밍은 아니다.

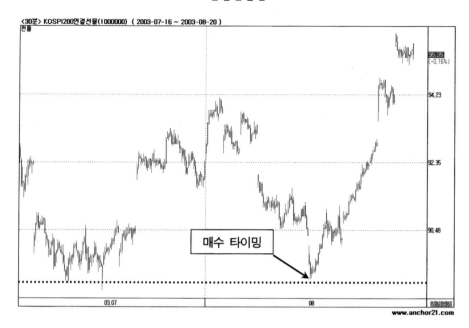

〈30분〉 KOSPI200연결선물(1000000) (2003-07-16 ~ 2003-08-20)

매수 타이밍

www.anchor21.com

　　　특정 가격대에서 지지되는 횟수가 많으면, 그 만큼 신뢰는 크다
고 할 수 있다.

　　89포인트에서는 지지되는 횟수가 많았으므로 89포인트에서는 매수의
기회를 노려야하며, 89포인트 이하로 하락하면 손절매하는 전략이 바람직
하다.

　　89포인트에서 반등을 보인다면 92~94포인트까지는 보유해 볼만 하다.

　　여기서도 마찬가지로 손실은 소폭으로 제한할 수 있으며, 이익은 3~5
포인트까지 기대해 볼 수 있다.

　　시장이 상승추세이므로 지지선에 대한 신뢰가 크고 기대수익을 크게 가
질 수가 있다.

　　상승추세인지 하락추세인지에 대해서는 앞으로 언급하도록 한다.

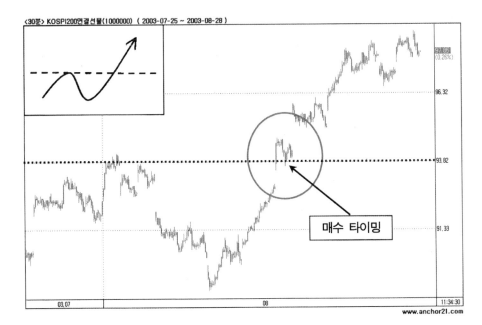

〈30분〉KOSPI200연결선물(1000000) (2003-07-25 ~ 2003-08-28)

매수 타이밍

www.anchor21.com

89포인트에서 강한 반등을 보였던 지수의 최대 관건은 전고점인 94포인트 상향돌파의 여부라고 볼 수 있다.

94포인트는 단기적으로 강한 저항선이다.

따라서 94포인트 부근에서 매도의 기회를 노리고, 94포인트 이상이 되면 손절매를 하는 전략이 바람직하다.

그러나 저항선인 94포인트를 갭상승으로 출발하면서 상향돌파하였고, 94포인트가 지지선으로 전환되는 모습이다.

따라서 94포인트 부근에서 매수의 기회를 노리고, 94포인트 이하가 되면 손절매하는 전략이 바람직하다.

정리해보면,

30분 차트를 활용하여 지지선을 찾는 방법은,

(1) 하락하던 가격이 단기적으로 급등을 보인 가격대(단기 변곡점)

(2) 오랜 시간동안 머물렀던 가격대

(3) 직전 저점이었던 가격대로서 가격이 머무는 시간이 길면 길수록 또는 지지되는 횟수가 많으면 많을수록 지지력은 더 크다고 할 수 있다.

(4) 전체적인 시장이 상승추세이면, 지지선에 대한 신뢰는 더욱 크고, 시장이 하락추세이면 지지선에 대한 신뢰는 적다고 할 수 있다.

여기서 주의할 점은,

되도록 30분 종가상의 가격으로 지지여부를 판단하는 것이 좋다. 30분이라는 시간동안 얼마든지 지지선을 하향돌파했다가 다시 회복할 수 있기 때문에 30분 캔들이 완성될 때까지 기다려 보는 것이 바람직하다.

그리고 매수를 진입하고 난 이후에 30분 종가상으로 지지선을 하향이탈 한다면 미련 없이 청산을 해야 한다.

손절폭이 그다지 크지 않을 것이므로 손절매에 대한 부담은 적을 것이다.

매수를 진입하고 난 이후에 지지가 되고 반등을 보여 준다면 최소한 전고점까지 상승을 기대하고 보유하는 것이 좋다.

만일, 지지선 부근에서 매수진입은 안한다 하더라도 최소한 매도진입은 하지 말아야 한다.

이같이 30분 차트를 활용하여 지지선인 변곡점을 찾는 방법은 그다지 어렵지 않다.

특별한 매매기법이나 복잡한 차트를 보지 않아도 얼마든지 좋은 결과를 읽을 수 있다.

〈30분〉 KOSPI200연결선물(1000000) (2003-06-30 ~ 2003-07-24)

매도 타이밍

매도 타이밍

www.anchor21.com

　　　지수가 저가에서 급반등하고 난 후에는 차익실현 매물이 일시적
으로 쏟아 질 수 있다.

　　이런 차익실현 물량을 한 번에 모두 쏟아 내기에는 어려움이 있기 때문
에 일반적으로 쌍봉의 형태로 나타나게 된다.

　　따라서, 시장이 상승추세에 있다하더라도 쌍봉이 출현하게 되면 단기적
인 조정을 염두에 두어야 한다.

　　중요한 것은 전체적인 시장은 상승추세이므로, 매도에 대한 기대수익은
짧게 가져야 한다는 것이다.

　　시장이 상승추세인지 하락추세인지에 대해서는 3부에서 자세히 설명하
기로 한다.

<30분> KOSPI200연결선물(1000000) (2003-07-08 ~ 2003-08-11)

매도 타이밍

92.87

91.46

90.05

89.25
(-0.34%)

03.07   08

www.anchor21.com

　　전체적으로 91.5포인트를 기준으로 지지와 저항을 받는 것을 볼 수 있다.

　따라서, 91.5포인트를 단기 변곡점으로 봐야 하며 이 변곡점 부근에 접근할 때에만 진입 기회를 노리는 것이 바람직하다.

　8월 들어 91.5포인트에서 매도 타이밍이 두 차례 발생하는데 이때 91.5 포인트를 상향 돌파한다면 손절매를 감안하고 매도로 진입하는 것이 바람직하다.

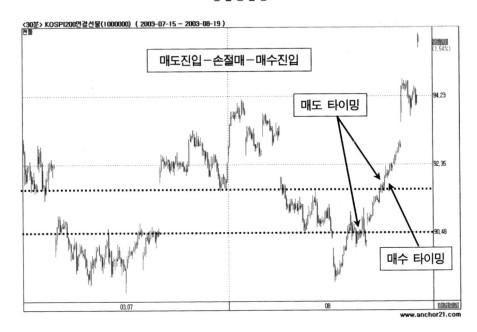

　　　7월의 가격흐름을 봤을 때, 90.5포인트와 92포인트 부근이 단기 변곡점이라고 볼 수 있다. 변곡점을 한 번에 돌파하는 경우는 드물고, 어느 정도 공방을 벌인 끝에 상향돌파하는 것이 일반적이다.

　일반적으로 변곡점을 돌파할 경우에는 갭으로 돌파하거나 장대 캔들을 출현시키며 돌파하는 경우가 많은데, 위 차트에서 잘 나타나 있다.

　위 차트의 경우, 두 차례의 매도진입이 모두 손절매를 하게 되는 경우이다.

　시장이 상승추세기 때문에 저항선에 대한 신뢰는 다소 떨어진다고 할 수 있다.

　상승추세에서 지수가 저항선을 상향돌파하게 되면, 손절매를 반드시 해야 한다. 상승추세이므로 손절매를 못했을 때 큰 폭의 손실을 입을 수 있기 때문이다.

　따라서 현재 시장이 상승추세인지 하락추세인지를 염두하고 매매에 임해야 한다.

만일 두 차례의 매도진입 이후에 저항선 돌파시 손절매를 하지 않았다면 손실폭은 상당히 커졌을 것이다.

모든 전략의 기본이 손절매에서 시작되는 것을 명심하자.

정리해 보면,

(1) 상승하던 가격이 단기적으로 급락을 보인 가격대(단기변곡점)

(2) 오랜 시간동안 머물렀던 가격대

(3) 직전 고점이었던 가격대로서 가격이 머무는 시간이 길면 길수록 또는 저항되는 횟수가 많으면 많을수록 저항력은 더 크다고 할 수 있다.

(4) 지지선이나 저항선을 돌파하기 위해서는 일반적으로 갭으로 돌파하는 경우와 장대 캔들이 생기면서 강하게 돌파하는 경우가 일반적이다.

(5) 전체적인 시장이 하락추세이면 저항선에 대한 신뢰는 더욱 크고, 시장이 상승추세이면 저항 선에 대한 신뢰는 적다고 할 수 있다.

지금까지의 내용을 6가지 패턴으로 요약해 보자.

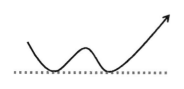

쌍바닥 패턴으로서 전저점을 하향이탈하지 않고 지지가 되는 패턴으로서 단기적으로 강한 반등이 나타날 수 있다.

일반적으로 이 때는 거래량이 동반 상승하는 경우가 많으며, 지지되는 횟수가 많을수록 지지선으로의 신뢰가 크다.

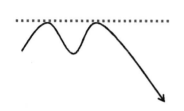

쌍봉 패턴으로서 전고점을 상향돌파하지 못하고 하락하는 패턴으로서 단기적으로 급락이 나타날 수 있다.

일반적으로 이 때는 거래량이 동반 상승하는 경우가 많으며, 저항이 되는 횟수가 많을수록 저항선으로의 신뢰가 크다.

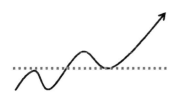

갭 상승이나 혹은 장대 양봉이 발생하며 저항선을 상향돌파한 이후에 저항선이 지지선으로 전환되는 패턴이다.

저항선 상향돌파 이후에 지지선까지 조정 받는다면, 지지선에서 강한 반등이 나타난다.

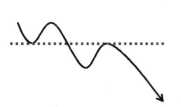

갭 하락이나 혹은 장대 음봉이 발생하면 지지선을 하향돌파한 이후에 지지선이 저항선으로 전환되는 패턴이다.

지지선을 하향돌파 이후 저항선까지 반등 시에 단기적으로 급락이 나타난다.

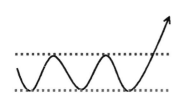

특정가격대에서 지지와 저항이 반복되는 박스권을 상향돌파하는 패턴이다.

박스권의 하단부에서는 지지를, 박스권의 상단부에서는 저항을 받는데, 박스권 상향돌파 시 단기적으로 강한 상승이 나타난다.

상향돌파 시 갭 상승이나 장대 양봉이 발생하면서 돌파되는 경우가 일반적이다.

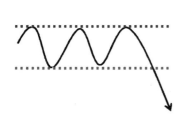

특정가격대에서 지지와 저항이 반복되는 박스권을 하향돌파하는 패턴이다.

박스권의 상단부에서는 저항을, 박스권의 하단부에서는 지지를 받는데, 박스권 하향돌파 시는 단기적으로 급락이 나타난다.

하향돌파 시 갭 하락이나 장대 음봉이 발생하며 돌파되는 경우가 일반적이다.

다시한번 언급하지만, 지지선과 저항선 부근에서만 진입을 고려하는 자세가 필요하다. 장중 내내 저항선과 지지선 사이에서만 움직이고 있다면 그 날은 매매를 하지 않는 여유가 필요하다.

그리고 모든 전략의 기본은 손절매에서 시작하는 것임을 절대 명심하자.

〈30분〉 KOSPI200연결선물(1000000) (2003-05-07 ~ 2003-06-02)

갭의 하단부 접근시
매도 타이밍

www.anchor21.com

차트에서 갈라진 틈을 우리는 갭(Gap)이라고 부른다.

이 갭의 상단과 하단부가 향후 지수의 단기적인 움직임에 변곡점으로 작용하는 경우가 있다.

5월 12일 발생한 상승갭이 다음 날 모두 메워지긴 하였지만, 16일과 26일에 각각 갭의 하단부에서 강한 저항을 받는 모습이 나타난다.

갭을 하향돌파 이후에 갭 부분에 접근하면 갭의 하단부는 단기 저항선으로 작용하므로, 매도의 기회를 노리는 것이 바람직하다.

〈30분〉 KOSPI200연결선물(1000000) (2003-07-25 ~ 2003-08-11)

www.anchor21.com

갭 위에 거래되던 지수가 갭으로 접근하게 되면 갭의 상단에서 단기 매수타이밍이다.

7월 30일은 갭의 상단에서 지지가 되는 모습이고, 31일은 일시적으로 갭 내부에 진입하였다가 다시 갭을 상향돌파하면서 추가 상승하는 모습이다.

갭 내부에 진입하게 되면, 갭의 하단부나 갭의 상단부에서 진입기회를 노려야 한다.

갭의 내부로 일단 진입하게 되면, 갭의 상담은 단기 저항선으로 작용하며, 갭의 하단부는 단기적인 지지선으로 작용하는데, 8월 6일부터 8일까지 차트에서 잘 타나나고 있다.

지수가 갭을 상향돌파하면 매수, 하향돌파하게 되면 매도의 기회를 삼아야 한다.

갭을 이용한 지지와 저항을 몇 가지 패턴으로 구분할 수 있다.

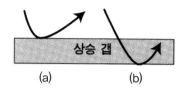

상승갭의 상단은 1차 지지선으로, 하단부는 2차 지지선으로 작용한다.

(a)는 1차 지지선인 갭의 상단부에서 지지되는 패턴이며,

(b)는 1차 지지선인 갭의 상단부를 하향이탈하고, 2차 지지선인 갭의 하단부에서 지지되는 패턴이다.

이 때 1차 지지선이었던 갭의 상단부는 저항선으로 전환된다.

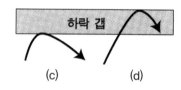

하락갭의 하단은 1차 저항선으로, 상단부는 2차 저항선으로 작용한다.

(c)는 1차 저항선인 갭의 하단부에서 저항을 받는 패턴이며,

(d)는 1차 저항선인 갭의 하단부를 상향돌파하고, 2차 저항선인 갭의 상단부에서 저항 받는 패턴이다.

이 때 1차 저항선이었던 갭의 하단부는 지지선으로 전환된다.

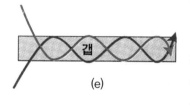

갭의 내부에 진입하게 되면 갭의 상단부는 1차 저항선으로, 갭의 하단부는 1차 지지선으로 작용을 하면서 갭의 상단과 하단에서 움직이는 박스권 패턴이다.

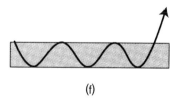

갭의 상단과 하단의 박스권을 유지하던 지수가 저항선인 갭의 상단을 상향돌파하는 패턴이다.

상향돌파 이후 지수는 추가상승이 나타난다.

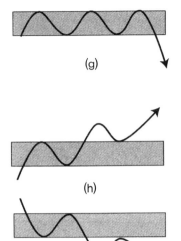

(g)

갭의 상단과 하단의 박스권을 유지하던 지수가 지지선인 갭의 상단을 하향돌파하는 패턴이다.

하향돌파 이후, 지수는 추가 하락이 나타난다.

(h)

저항대로 작용하던 갭을 상향돌파하면서 갭의 상단부에서 지지를 받고 상승하는 패턴이다.

(i)

지지대로 작용하던 갭의 하향돌파되면서 갭의 하단부에서 저항을 받고 하락하는 패턴이다.

제 2 장

일목균형표의 활용

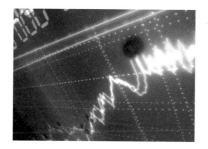

일목균형표는 지수의 변곡점을 찾는데 유용하게 활용할 수 있다.

전환선, 기준선, 선행스팬1, 2가 중요한 변곡점으로 작용하는 경우가 많은데, 최근 KOSPI200 연결선물 일봉의 사례를 통해 알아보자.

일목균형표에 대한 보다 자세한 내용은 「4부 일목균형표의 세계」를 통해 소개하도록 하고, 본 장에서는 각 선들의 지지와 저항에 대해서만 간략하게 언급하겠다.

먼저 전환선과 기준선에 대하여 알아보자.

단기이동평균선과 중기이동평균선이 모두 상향일 때 상승추세라 하듯이, 전환선과 기준선이 모두 상향일 때 상승추세라 할 수 있다.

이 때, 전환선은 1차 지지, 기준선은 2차 지지선 역할을 하게 된다.

반대로 전환선과 기준선이 모두 하향일 때 하락추세라 할 수 있으며, 전환선과 기준선은 각각 1차 저항선과 2차 저항선 역할을 하게 되는 것이다.

■ ■ ■ ■ ■

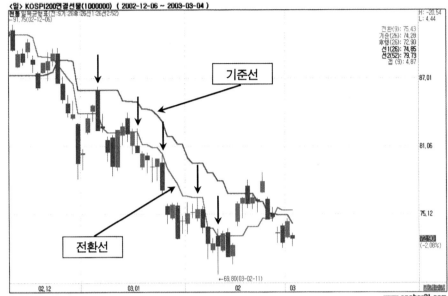

〈일〉 KOSPI200연결선물(1000000) (2002-12-06 ~ 2003-03-04)

전환선과 기준선이 하락하고 있으면, 시장은 추세는 하락추세라
고 할 수 있다.

하락추세에서는 지지선보다는 저항선의 신뢰가 크므로 저항선에서의
매도기회를 노리는 것이 바람직하다.

하락추세에서 전환선은 1차 저항선으로, 기준선은 2차 저항선으로 작용
하게 된다.

전환선과 기준선에서 당일의 고점이 형성되는 경우가 빈번하게 발생하
고 있는 것을 볼 수 있다.

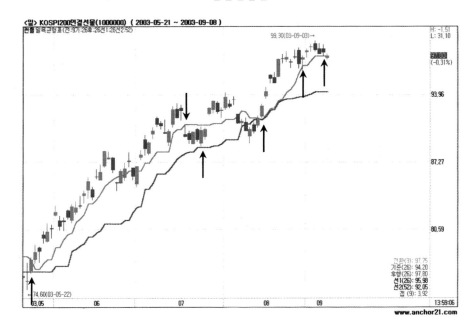

〈일〉 KOSPI200연결선물(1000000) (2003-05-21 ~ 2003-09-08)

www.anchor21.com

전환선과 기준선이 상승하고 있으면, 시장은 상승추세라고 할 수 있다.

상승추세에서는 저항선보다는 지지선의 신뢰가 크므로 지지선에서의 매수기회를 노리는 것이 바람직하다.

상승추세에서 전환선은 1차 지지선으로, 기준선은 2차 지지선으로 작용하게 된다.

〈주〉KOSPI200연결선물(1000000) (2002-01-04 ~ 2003-09-08)

www.anchor21.com

주봉상 전환선과 기준선 역시 중요한 지지선과 저항선으로 활용할 수 있다.

주봉에서는 지수가 전환선 이하이면 하락추세이고, 지수가 전환선 이상이면 상승추세라고 볼 수 있다

상승추세에서 전환선은 강한 지지선으로 작용하며, 하락추세에서 전환선은 강한 저항선으로 작용하게 된다.

전환선과 기준선에서 캔들의 고점과 저점이 형성되는 사례가 빈번히 발생하고 있는 것을 볼 수 있다.

정리해 보면

일목균형표에서 전환선과 기준선은 각각 지지와 저항선으로 작용하게 되는데,

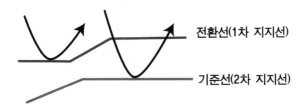

전환선과 기준선이 상승, 주가 〉 전환선이면, 상승추세로 지지선의 신뢰가 높다.

이 때 전환선이 1차 지지선, 기준선이 2차 지지선으로 작용하게 된다.

2차 지지선인 기준선에서 지지가 되면 전환선을 상향돌파하는 경우가 많다.

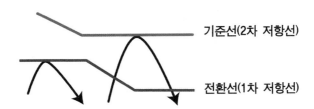

전환선과 기준선 하락, 주가 〈 전환선이면, 하락추세로 저항선의 신뢰가 높다.

이 때, 전환선이 1차 저항선, 기준선이 2차 저항선으로 작용하게 된다.

2차 저항선인 기준선을 상향돌파하지 못하면 전환선을 하향돌파하는 경우가 많다.

두 번째로 일목균형표의 구름대가 지지선과 저항선 역할을 하게 된다.

구름대는 현재 지수보다 26일 미래에 그려지는 되는데, 선행스팬1과 2

사이의 공간을 빗금으로 처리하여 구름대라고 부른다.

여기서 구름대의 상한선, 하한선은 각각 지지선과 저항선으로 작용하게
된다.

지수가 구름대 위에 있을 때는, 구름대가 지지대 역할을 하므로 구름대
의 상한선과 하한선은 각각 지지선으로 작용하게 된다.

반대로 지수가 구름대 아래로 있을 때는 구름대의 하한선과 상한선이
각각 저항선으로 작용하게 된다.

지수가 구름대 내부에 진입을 했을 경우에는, 구름대의 상한선은 저항
선, 구름대의 하한선은 지지선으로 작용하게 된다.

최근 종합주가지수의 일봉차트를 통해 알아보자.

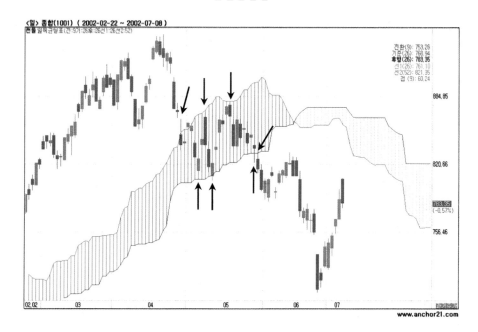

지수가 구름대 위에 위치해 있을 때는 구름대의 상한선이 지지선이 되며, 구름대의 아래에 위치해 있을 때는 구름대의 하한선이 저항선으로 작용한다.

지수가 구름대 내부에 진입하게 되면 단기적으로 지수는 구름대 내에서 등락을 거듭하면서 구름대 돌파를 모색하게 된다.

따라서 구름대 상한선에서 단기 매도의 기회를 노리고, 구름대 하한선에서는 단기 매수의 기회를 노리는 것이 바람직하다.

5월의 지수 흐름을 보면, 단기적으로 구름대의 상한선에서 저항을, 구름대의 하한선에서 지지가 되는 것을 볼 수 있다.

구름대를 하향돌파한 이후에는 구름대의 하한선이 저항선으로 작용하고 있다.

이처럼 구름대의 상, 하한선은 단기 변곡점으로 작용한다.

■ ■ ■ ■ ■ ■

  지수가 구름대의 상한선과 하한선 부근에서 단기 변곡점으로 작용하는 모습이 잘 나타나고 있다.

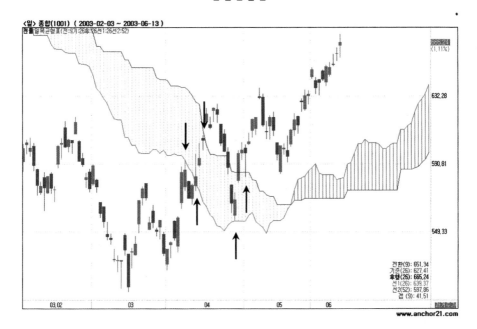

       구름대의 상한선과 하한선에서 단기적으로 저항과 지지를 받는 모습이다.

    구름대를 일단 상향돌파하게 되면, 구름대의 상한선이 1차 지지선으로, 구름대의 하한선이 2차 지지선으로 작용한다.

    4월은 구름대를 상향돌파에 성공한 이후, 구름대의 상한선에서 1차 지지를 실패하면서 추가하락이 나타나지만, 구름대의 하한선에서 정확히 저점을 형성하고 급반등을 보였다.

    이처럼 구름대의 상한선과 하한선은 중요한 단기 변곡점으로 활용이 된다.

일목균형표의 구름대를 이용한 지지선과 저항선을 정리해 보면,

(a)

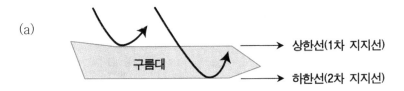

주가 > 구름대이면, 구름대는 지지대로 작용하며

　　　구름대의 상한선은 1차 지지선,

　　　구름대의 하한선은 2차 지지선으로 작용하게 된다.

(b)

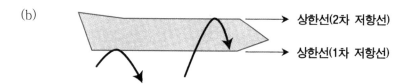

주가 < 구름대이면, 구름대는 저항대로 작용하며

　　　구름대의 하한선은 1차 저항선,

　　　구름대의 상한선은 2차 저항선으로 작용한다.

(c)

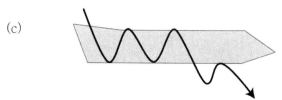

　주가가 구름대에 진입하게 되면, 구름대의 상한선은 저항선으로, 구름대의 하한선은 지지선으로 각각 작용하게 된다.

　그러나 하향이탈하게 되면 지지선이던 하한선은 저항선으로 전환된다.

(d)

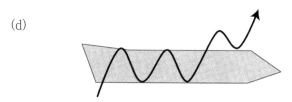

주가가 구름대 내에 진입하게 되면, 구름대의 상한선은 1차 저항선으로 작용하며, 구름대의 하한선은 1차 지지선으로 각각 작용하게 된다.

그러나 상향이탈하게 되면 저항선이던 상하선은 지지선으로 전환된다.

(e)

구름대의 두께가 크면 클수록, 지지대와 저항대로서 신뢰가 높다.

다시말해, 구름대가 얇을수록 구름대의 진입과 이탈이 비교적 쉬우며,

구름대가 두꺼울수록 구름대의 진입과 이탈이 어렵다.

일목균형표에 대한 내용은 여기까지로 하고, 좀 더 상세한 내용은 4부에서 소개하도록 하겠다.

제 3 장

이동평균선의 활용

이동평균선(MA : Moving Average)은 가장 기본적인 지표이면서 신뢰성 있는 지표로 지금도 많은 투자자들이 이용하고 있는 추세지표이다.

모든 기술적 지표가 그렇듯이, 이동평균선 또한 장점과 단점을 가지고 있다.

먼저 일정기간 가격의 평균가격을 나타내는 이동평균선은 가격의 균형과 추세를 파악하는데 용이하게 활용할 수 있다.

동시에 이동평균선 자체가 지지선과 저항선으로 활용할 수 있다.

반면에 급등락이 나타나는 장세에서는 둔감하게 반응하기 때문에 대응하기가 어려운 단점도 있다.

그래서 이동평균선 역시 나름대로의 판단기준을 가지고 접근해야 하며, 개인마다 이동평균선을 활용하는 매매기법도 다양하게 나타난다.

그럼 이동평균선의 기간인 변수값을 얼마로 정하는게 가장 좋을까?

과거 일봉차트를 기준으로 국내증시는 40MA와 60MA부근에서 중요한 변곡점을 형성되는 것을 확인할 수 있다.

최근 일봉차트의 사례를 통해 알아보자.

〈일〉 KOSPI200연결선물(1000000) (2001-03-29 ~ 2002-02-14)

60 MA

40 MA

　　　40MA(이동평균선)와 60MA 부근에서 변곡점이 되는 경우가 자주 발생한다.

　　40MA와 60MA의 공간은 구름대와 마찬가지로 지지대와 저항대로 작용하게 된다.

　　지수가 40~60MA보다 위에 위치하면 40~60MA는 지지대로 작용하며, 아래에 위치하면 40~60MA는 저항대로 작용하게 된다.

　　8월에 60MA와 40MA 사이에서 등락을 거듭하다가 저항대를 하향이탈한 후에 40MA의 저항을 받는 모습니다.

　　10월에는 저항대를 상향 돌파한 이후에, 60MA의 지지를 받고 본격적으로 상승하는 모습이다.

　　지수가 40~60MA 보다 위에 위치하면 강세장, 아래에 위치하면 약세장이라고 할 수 있다.

〈일〉 KOSPI200연결선물(1000000) (2001-12-28 ~ 2002-11-19)

www.anchor21.com

　　　　5월에 지수가 지지대인 40~60MA 구간을 하향이탈하고 난 이
후에 약세장으로 전환되면서 지수는 40MA와 60MA의 구간에서
단기 고점을 형성하는 모습이다.

　　약세장에서는 40MA가 1차 저항선, 60MA가 2차 저항선으로 작용한다.

　　5월 이후에는 40MA와 60MA에서 단기 고점이 형성되는 것을 볼 수
있다.

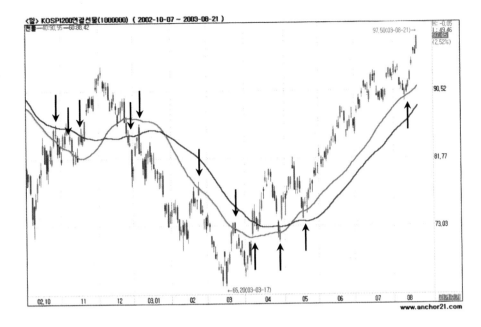

12월 지지대를 하향이탈한 이후, 단기 고점을 형성하고 급락하는 모습이다.

다음 해 2월과 3월에도 1차 저항선인 40MA에서 단기 고점을 형성하였다.

4월에 저항대를 상향돌파하고 난 이후에 40MA에서 강한 지지를 받으며 상승추세로 이어지고 있다.

8월에도 지지대의 상단인 40MA를 정확히 찍고 급등하는 모습이다.

이처럼 40~60MA부근에서 일봉상 중요한 변곡점이 번번히 나타나고 있으므로, 40MA와 60MA 부근에서 진입의 기회를 노리는 전략이 바람직하다.

주봉으로는 5MA와 10MA를 활용하는 것이 좋다.

투자자들이 주봉을 소홀히 하는 경우가 많은데, 주봉 역시 지지선과 저항선을 찾는데 유용하게 활용할 수 있다.

5MA와 10MA보다 크면 상승추세이고, 5MA와 10MA가 각각 지지선으로 작용한다.

반대로 5MA와 10MA보다 적으면 하락추세이고, 5MA와 10MA가 각각 저항선으로 작용한다.

상승추세에서 5MA는 1차 지지선으로, 10MA는 2차 지지선으로 작용하며, 하락추세에서는 5MA는 1차 저항선으로, 10MA는 2차 저항선으로 작용한다.

정리해 보면,

(a)

일봉상 지수가 40~60MA 보다 위치하면 40MA는 1차 지지선으로, 60MA는 2차 지지선으로 작용한다.

이 때 40~60MA의 공간은 지지대로 작용한다.

(b)

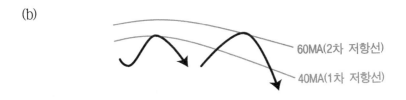

일봉상 지수가 40~60MA 보다 아래에 위치하면 40MA는 1차 저항선으로, 60MA는 2차 저항선으로 작용한다.

이 때, 40~60MA의 공간은 저항대로 작용한다.

(c)

저항대로 작용하던 40~60MA 공간을 상향돌파하면, 40~60MA는 지지대로 전환되며 40MA와 60MA는 각각 지지선으로 전환된다.

이와같은 패턴이 출현하면 하락추세에서 상승추세로의 전환을 예고한다고 할 수 있다.

(d)

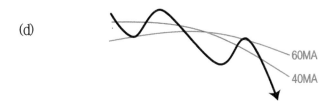

60MA

40MA

지지대로 작용하던 40~60MA 공간을 하향돌파하면, 40~60MA는 저항대로 전환되며 40MA와 60MA는 각각 저항선으로 전환된다.

이와같은 패턴이 출현하면 상승추세에서 하락추세로의 전환을 예고한다고 할 수 있다

지금까지의 내용은 30분 차트와 주가지수 일봉, 주봉 차트를 이용하여 단기 지지선과 저항선인 변곡점을 찾는데 주안점을 두었다.

30분 차트, 일목균형표, 이동평균선의 일봉차트를 통해 실제 사례를 소개하였는데, 어렵거나 복잡하지도 않고 누구나 접근할 수 있는 수준이다.

서두에서 언급한 것처럼 특별한 비법이 있는게 아니고, 아주 기본적인 것이 최고의 매매기법이 되는 것이다.

미국시장의 결과에 따라 국내증시의 당일 시가가 90% 결정된다고 볼 수 있지만, 종가는 어떻게 형성될지는 알 수 없다.

미국시장이 많이 올랐다고 해서 시가에 무조건 매수한다던지, 혹은 많이 내렸다고 해서 시가에 모두 매도하는 것은 바람직하지 않다.

국내 증시가 열리기 전에 투자가는 미리 오늘의 지지선과 저항선을 구분하여 놓아야 하며, 변곡점 부근에서만 진입을 고려하는 투자 자세가 반드시 필요하다.

이제 다음 장부터는 좀 더 구체적으로 진입과 청산에 대해서 알아 보기로 하자.

제 3 부

진입기준

특정 가격에 지지선이나 저항선을 설정해 놓았다고 하면, 그 가격에서 상승할 것인지 하락할 것인지에 대한 원초적인 의문을 던져 보자.

예를 들어, 아래 그림과 같이 선물지수 80포인트에 지지선을 설정해 놓았을 때, 이론상 80포인트에서 지지가 되어줄 확률은 50%이며, 반대로 하향 이탈한 확률도 50%라고 할 수 있다.

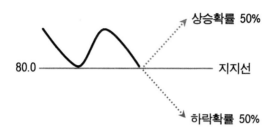

지지선인 80포인트까지 지수가 접근했을 때, 무조건 매수로 진입하는 것이 옳을까?

지지가 된다면 매수로 접근해야 할 것이며, 지지가 되지 않는다면 반대로 매도로 진입하는 것이 당연할 것이다.

그렇다면 지지선에서의 지지여부를 판단할 수 있는 객관적인 기준이 있어야 한다.

그럼, 그 기준을 어떻게 정할 것인가에 대한 내용을 소개하고자 한다.

크게 가격기준과 기술적 지표 기준으로 구분할 수 있는데, 필자가 소개하는 기준을 토대로 여러분도 얼마든지 진입기준을 만들 수 있음을 미리 알려 둔다.

가격기준

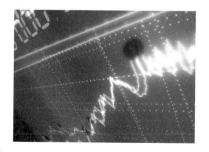

앞의 예처럼 80포인트를 지지선으로 가정하자.

상승하던 선물지수가 하락하여 지금 80.10pt~79.90pt에서 거래되고 있다면 과연 80포인트에서 지지가 된다고 판단해야 할 것인가?

아니면 지지선에서 하향이탈할 것이라고 판단해야 할 것인가?

이처럼 지지선을 기준으로 소폭 등락을 거듭할 때에는 지지여부를 판단하기가 명확하지 않다.

또, 어느 시점을 기준으로 지지여부를 판단할지도 명확하지 않다.(실제로 이같은 사례가 많이 발생하고 있다.)

가격기준이란 것은 지수가 지지선을 터치한 이후에 30분 종가상 80포인트보다 5틱 이상으로 마감되면 지지가 된다고 판단하여 매수로 진입을 하는 것이다.

반대로, 30분 종가상 80포인트보다 5틱 이하로 내려가게 되면 지지선을 하향이탈한 것으로 판단하여 매수진입은 보류하고 매도로 진입하는 것이다.

만일 상하 5틱 이내이면 진입은 보류한다.

이와 같이 30분 종가를 기준으로 지지선보다 5틱 이상이면 지지가 된다고 판단하며, 30분 종가상 지지선보다 5틱 이하이면 지지선을 하향이탈한 것이라고 판단하는 것이 가격기준이다.

여기서 5틱은 절대적인 것이 아니며, 투자자의 성향이나 시장상황에 따라 조금씩 다르게 설정할 수도 있다.

최근 30분 차트의 실제 사례를 통해 알아보자.

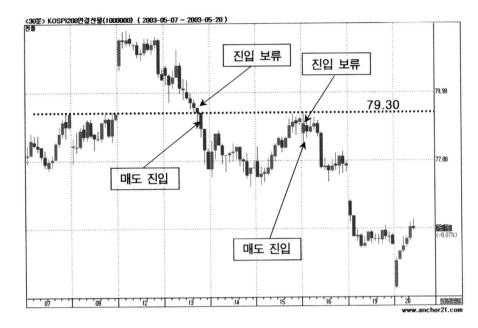

〈30분〉 KOSPI200연결선물(1000000) (2003-05-07 ~ 2003-05-20)

진입 보류

진입 보류

79.30

매도 진입

매도 진입

79.98

77.88

www.anchor21.com

갭의 하한선인 79.30포인트를 단기 변곡점으로 설정할 수 있다.
79.30포인트를 터치하고 5틱 이상인 79.55포인트 이상이면 매
수 진입의 기준이 되며 5틱 이하인 79.05포인트 이하가 되면 매도진입 조
건이 된다.

　5월 13일 79.30포인트를 터치하고 난 이후 30분 종가상 79.55포인트
이하이므로 매수의 조건을 만족하지 않아 진입을 보류한다.(지지가 되는
듯한 모습이지만, 가격기준에 만족하지 못한다.)
　결국 79.30포인트를 강하게 하향이탈하였고 30분 종가가 79.05포인트
이하이므로 매도조건을 만족하게 된다.
　이후 변곡점인 79.30포인트는 5월 16일 저항선으로 작용하게 되는데, 마
찬가지로 30분 종가가 79.05포인트 이하가 되면 매도진입 조건이 된다.

5월 16일은 첫 캔들에서부터 79.30포인트의 저항을 받는 모습이지만, 가격조건에 만족하지 못하므로 역시 진입을 보류한다.

두 번째 캔들(10시)에서 가격 조건인 79.05포인트 이하이므로 매도조건에 만족한다.

매도진입 이후에 30분 종가상 79.30포인트 이하이면 계속 홀딩한다.

손절매는 30분 종가상 79.35포인트 이상이면 일단 손절매를 하고, 다음 캔들이 79.55포인트 이상이면 매수진입을, 79.05포인트 이하이면 매도진입을 노리는 전략이 필요하다.

<30분> KOSPI200연결선물(1000000) (2003-06-12 ~ 2003-06-27)

진입 보류

85.80

매수 진입

84.60

매수 진입

www.anchor21.com

84.60과 85.80포인트를 단기 변곡점으로 설정할 수 있다.

6월 20일 이후부터는 하락시 84.60과 85.80포인트 접근 시 진입기회를 노려야 한다.

6월 24일 84.90포인트에서 매수진입 기준이 완성되었고, 25일에는 85.80포인트에서 저항을 받는 듯 하였으나 종가상 85.70포인트로 매도진입 기준(85.55)에 해당하지 않으므로 매도진입은 보류해야 한다.

다음 캔들에서 매수조건을 만족한다.

26일에도 첫 캔들에서 매수진입 기준(86.05)에 해당하므로 매수로 진입한다.

〈30분〉KOSPI200연결선물(1000000) (2003-06-16 ~ 2003-07-09)

매도-청산-매수

88.00

85.50

매수 진입

매수 진입

www.anchor21.com

85.50포인트와 88.00포인트를 단기 변곡점으로 설정할 수 있다. 따라서 6월 27일 이후부터는 하락 시 88.00포인트와 85.50포인트의 부근에서 진입을 고려해야 한다.

6월 30일과 7월 1일은 지지선이 85.50포인트 부근에서 매수진입 조건(85.75 이상)에 해당된다. 7월 2일의 경우 첫 캔들에서 매도진입 조건(87.75이하)이었으나, 저항선인 88.0포인트를 상향돌파하였으므로, 청산후 다시 매수진입(88.25이상)을 한다.

이 때 손절매폭은 크지 않으므로 미련없이 청산해야 한다.

7월 3일 박스권을 상향돌파하면서 88.00포인트가 지지선으로 작용하게 된다.

7월 3일과 4일, 각각 매수진입 조건(88.25이상)이 완성된 이후, 상승하는 모습니다. 이같이 변곡점에 도달할 때까지 기다리면 진입기회는 반드시 찾아오게 되어 있다.

지금까지 변곡점에서의 진입기준 중에서 첫 번째로 가격기준에 대해서 알아 보았다.

정리해 보면,

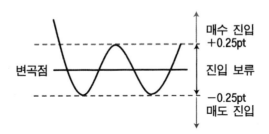

지수가 변곡점(지지선 혹은 지지선)을 터치 한 이후, 30분 종가가 변곡점(기준가격)보다 0.25포인트 이상이면 매수진입을 0.25포인트 이하이면 매도진입을, 그렇지 않으면 진입을 보류하는 것이 가격기준 진입방법이다.

30분 차트를 이용하기 때문에, 일시적인 움직임에 현혹되지 않는 장점이 있는 반면에 급등락을 보일 때는 진입시점이 늦어지는 단점도 있기 마련이다.

예를 들어, 80포인트의 지지선에서 단기 급등하여 30분 종가상 81포인트에서 매수조건이 완성될 수도 있을 것이다.

이런 경우에 추격매매보다는 조정을 보일 때를 기다리는 자세가 필요하다. 만일, 조정없이 시세가 강하게 상승한다면 진입을 포기하고 다음 기회를 노리는 것이 바람직하다.

제 2 장

기술적 지표 기준

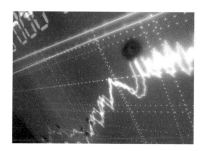

1장에서는 변곡점에서의 가격을 기준으로 지지여부를 판단하였으나, 2장에서는 기술적 지표의 신호가 기준이 된다.

예를 들어, 80포인트 부근에서 기술적 지표의 신호가 매수신호이면 매수진입을, 기술적 지표가 매도신호이면 매도진입 조건이 되는 것이다.

어느 지점에서 지수가 상승할 확률과 하락할 확률이 50%이다.

마찬가지로 기술적 지표 역시 신호가 맞을 확률과 틀릴 확률이 각각 50%라고 할 수 있기 때문에 모든 신호 기준으로 정할 수는 없는 것이다.

그러나, 변곡점에서 발생하는 신호는 비교적 신뢰가 크기 때문에 진입기준이 될 수가 있는 것이다.

2장에서 소개할 내용의 핵심은, 30분 차트상 변곡점에서 발생하는 기술적 지표의 신호가 진입 기준이 된다는 것이다.

기술적지표의 선택은 투자자의 투자성향이나 상품의 특성에 따라 다양하게 선택할 수 있다.

일반투자자들이 자주 사용하는 몇 가지 지표를 통해 실제 사례를 살펴보자.

1. Stochatic의 교차

■ ■ ■ ■ ■

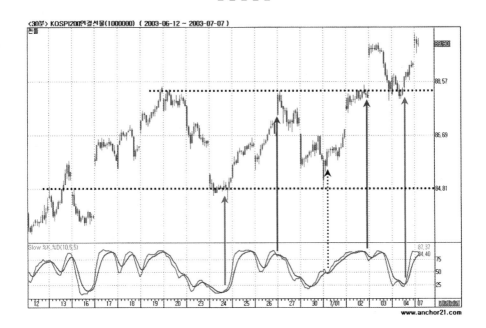

<30분> KOSPI200연결선물(1000000) (2003-06-12 ~ 2003-07-07)

www.anchor21.com

　　　6월 24일과 7월 4일에 각 지지선에서 각 스토케스틱의 매수 신
호가 발생하여 매수진입의 기준이 된다.

　　6월 27일과 7월 2일에는 저항선에서 스토케스틱의 매도신호가 발생하
여 매도진입의 기준이 된다.

　　7월 1일의 경우, 하락 후 급반등이 연출되면서 스토케스틱의 매수신호
가 늦게 발생되어 매수시점이 늦어졌다.

　　이런 경우에는 바로 매수로 진입하기보다는 조정을 기다린 후에 매수진
입 기회를 노리는 것이 좋으며, 조정없이 급등한다면 진입을 포기하는 것
이 바람직하다.

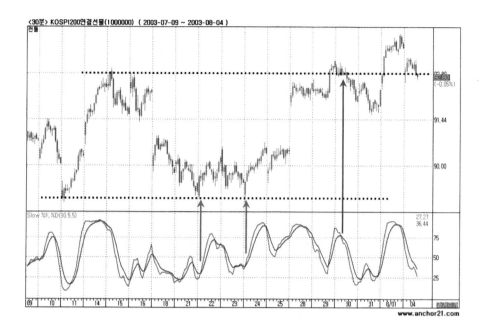

(위 이미지 내부 텍스트)
〈30분〉 KOSPI200연결선물(1000000) (2003-07-09 ~ 2003-08-04)

www.anchor21.com

　　　　7월 22일과 24일에 지지선 부근에서 하향이탈하지 않고 매수신
　　　호가 완성되었으므로, 매수진입 기준이 된다.

　　7월 30일은 지지선에서 지지가 되고 있었으나, 스토케스틱에서 이미 매
도신호가 완성되었다.

　　이런 경우, 30분 종가상 지수가 지지선을 하향이탈할 때 매도진입할 수
있다.

　　만일, 지지선을 하향이탈하지 않는다면 진입은 보류한다.

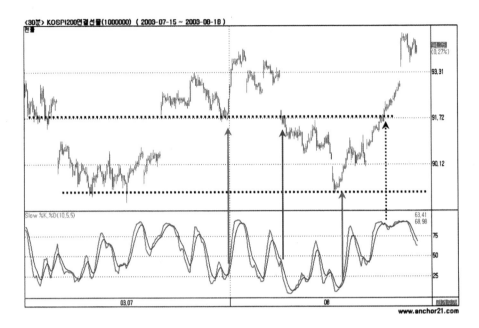

〈30분〉 KOSPI200연결선물(1000000) (2003-07-15 ~ 2003-08-18)

Slow %K,%D(10,5,5)

www.anchor21.com

단기 변곡점에서의 기술적 지표 신호가 신뢰성있음을 보여주고 있다.

마지막 네 번째 신호는, 저항선을 이미 상향돌파하고 나서 스토케스틱의 매도신호가 발생하였으므로 진입은 보류한다.

이같이 스토케스틱의 크로스 조건은 다소 진입시점이 늦어진다는 문제점과 가격의 움직임에 왜곡되는 신호를 보여줄 수 있는 단점이 있다.

스토케스틱 지표에서 크로스 조건은 그다지 좋지 않다는게 평소 필자의 견해이다.

특히, 변곡점에서는 신속하게 가격변화가 발생하므로, 좀 더 민감하게 반응하는 지표의 선택이 필요하다고 할 수 있다.

2. Stochatic %K선의 반전

■ ■ ■ ■ ■

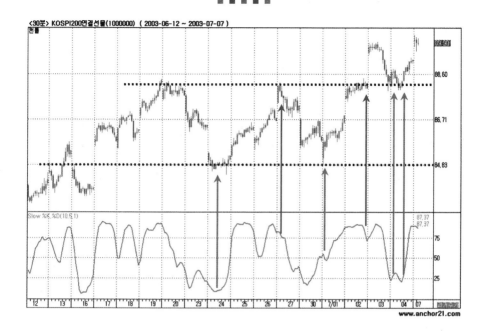

스토케스틱 %K선이 반전을 이용하여 더욱 신속하게 진입할 수 있다.

지지선을 하향이탈하지 않는 상태에서 %K선이 상승반전되면 매수진입 기준이 된다.

반대로, 저항선을 상향돌파하지 않는 상태에서 %K선이 하락반전되면 매도진입 기준이 된다.

스토케스틱 교차신호보다 더 신속하게 진입이 이루어지는 것을 알 수 있다.

■ ■ ■ ■ ■

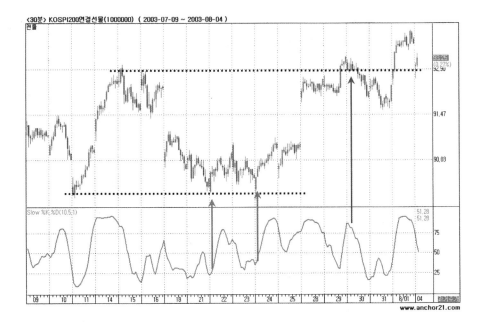

      마찬가지로 스토케스틱의 크로스 신호보다 더 빠르게 진입되는 모습이다.

이와같은 방법이 가능한 것은 지지선과 저항선에 대한 기준이 있기 때문에 가능하다.

%K선이 수시로 상승과 하락을 하지만, 그 중에서 지지선과 저항선에서 %K선의 반전만 관찰하면 되는 것이다.

7월 30일의 경우, 지지선에 지지가 되고 있지만 %K선은 이미 하락반전하고 있다.

이 때는 30분 종가상 지지선을 하향돌파하는 시점에서 매도로 진입하면 된다.

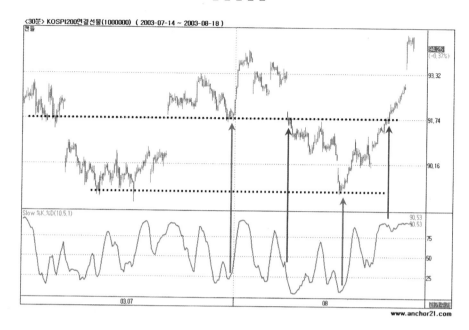

〈30분〉 KOSPI200연결선물(1000000) (2003-07-14 ~ 2003-08-18)

www.anchor21.com

비교적 양호한 진입기준을 보여주고 있다.

마지막의 네 번째 진입은 저항선을 상향돌파하기 이전에 %K선 이 먼저 하락반전하였으므로, 일단 매도진입 기준에 해당한다.

그러나, 지수는 저항선을 완전히 돌파하였으므로 이 때는 칼같은 손절매를 하고, 매수진입을 고려해야 할 것이다.

지금까지의 사례를 보면, 손절매를 하더라도 손절매 폭이 비교적 소폭이라는 것을 알 수 있다.

이 정도의 손실은 자연스러운 것이라 생각하고, 소폭의 손실에 연연하지 말자.

모든 전략의 기본이 손절매임을 명심하자.

3. MACD 오실레이터의 반전

    MACD 오실레이터는 MACD곡선과 Signal곡선의 차이를 계산하여 차트에 막대로 표시하는 지표로서, 매매시점을 명확하게 알 수 있도록 한 지표이다.

    일반적인 매매기준은 다음과 같다.
1) 과열권에서의 매도 타이밍 : 오실레이터가 하락반전 시점.
   침체권에서의 매수 타이밍 : 오실레이터가 상승반전 시점.
2) 매수 : 오실레이터가 0선을 상향돌파할 때.
   매도 : 오실레이터가 0선을 하향돌파할 때.
3) 매수 : 주가의 하락추세 오실레이터 상승추세 (상승 다이버젼스)
   매도 : 주가의 상승추세 오실레이터 하락추세 (하락 다이버젼스)

    여기에서는 지지선에서 오실레이터가 상승반전하는 때를 매수진입 기준으로, 저항선에서 오실레이터가 하락반전하는 때는 매도진입 기준으로 한다.

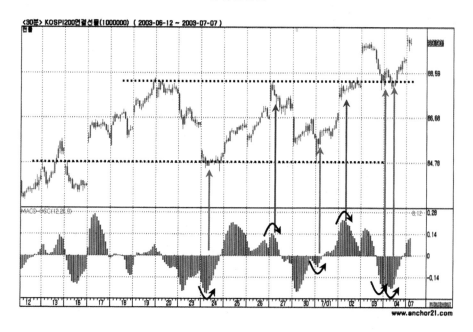

차트의 하단이 MACD(12,26,9) 오실레이터 지표이다.

6월 24일은 지지선을 하향이탈하지 않으면서 오실레이터가 상승반전하는 모습이 나타나는데, 이 때가 매수시점이 된다.

매수진입 이후에, 30분 종가가 지지선을 하향이탈하면 손절매를 한다.

반대로 6월 27일은 저항선으 상향돌파하지 못하면서 오실레이터가 하락반전한 모습이 나타나는데, 이 때가 매도시점이 된다.

이후에도 지지선과 저항선에서 비교적 양호한 신호를 보여 주고 있다.

MACD는 추세지표이므로, 급변동 시에는 진입시점이 조금 늦을 수도 있다는 점을 고려해야 한다.

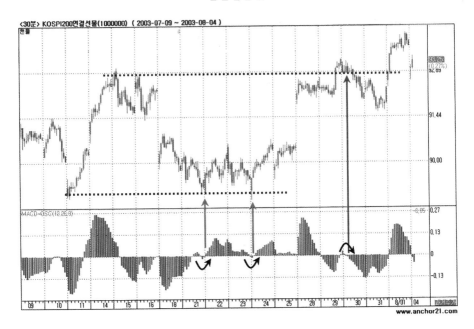

<30분> KOSPI200연결선물(1000000) (2003-07-09 ~ 2003-08-04)

MACD-OSC(12.26.9)

www.anchor21.com

변곡점에서의 오실레이터 추세 반전 신호가 비교적 잘 맞고 있지만, 변곡점이 아닌 지점에서는 신뢰성이 떨어지는걸 알 수 있다.

7월 30일의 경우, 지수는 지지선에서 불안하게 지지가 되고 있지만 오실레이터는 이미 하락반전을 하였다.

이 때, 지수가 지지선을 하향이탈하면 매도로 진입하였다.

■ ■ ■ ■ ■

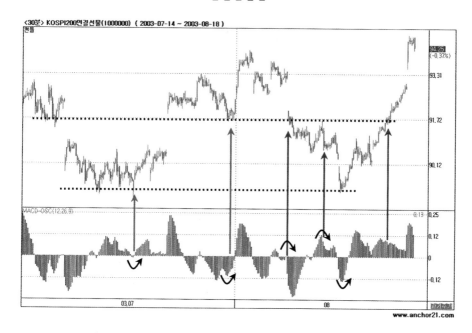

<30분> KOSPI200연결선물(1000000) (2003-07-14 ~ 2003-08-18)

www.anchor21.com

변곡점이 아닌 지점에서는 오실레이터의 반전이 수시로 발생하고 있지만, 변곡점에서는 오실레이터 반전신호가 비교적 잘 맞는 편이다.

마지막 신호는 저항선을 상향돌파하지 못한 상태에서 오실레이터가 하락반전 하였으므로 매도진입 조건이 된다.

그러나, 매도진입 이후에 30분 종가상 저항선을 상향돌파 하였으므로, 이 때는 냉정하게 손절매를 해야 한다.

손절매 폭은 크지 않으므로, 미련없이 청산해야 한다.

4. CCI

CCI 지표는 평균적인 가격흐름과 현재의 가격흐름과의 괴리가 크게 벌어지면 넘치거나 채워지는 것이 일반적인 주가 패턴이며, 그 과도한 수준의 정도를 파악한 것이다.

CCI 지표를 이용한 매매기준은 다음 3가지로 나눌 수 있다.
1) 과열권에서의 매도 타이밍 : CCI가 +100을 하향돌파할 때.
   침체권엥서의 매수 타이밍 : CCI가 −100을 상향돌파할 때.
2) 매수 : CCI가 0을 상향돌파할 때.
   매도 : CCI가 0을 하향돌파할 때.
3) 매수 : 주가의 하락추세 +CCI의 상승추세 (상승 다이버젼스)
   매도 : 주가의 상승추세 +CCI의 하락추세 (하락 다이버젼스)

여기에서는 지지선에서 CCI가 −100을 상향돌파할 때를 매수진입, 저항선에서 CCI가 +100을 하향돌파할 때 매도진입 기준으로 한다.

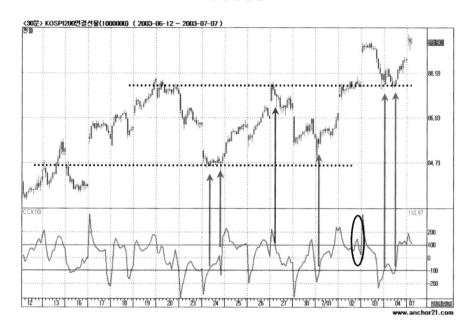

〈30분〉KOSPI200연결선물(1000000) (2003-06-12 ~ 2003-07-07)

www.anchor21.com

7월 2일은 변곡점 부근에서 횡보를 하면서 CCI신호가 Whipsaw 를 보였다.(Whipsaw : 매수와 매도신호가 빈번하게 발생하는 현상) 지수가 횡보하게 되면 대부분의 기술적 지표의 신호에서 Whipsaw가 발생한다.(이같은 단점은 가격 기준으로 어느 정도 극복할 수 있다.)

7월 24일은 지지선을 하향이탈하지 않으면서 CCI가 −100을 상향돌파 하였으므로 매수진입 조건이 된다.

반대로 27일은 전고점인 저항선을 상향돌파하지 못하면서 CCI가 +100 을 하향이탈하였기 때문에 매도진입 조건이 된다.

CCI지표 역시 변곡점에서는 양호한 신호를 보여주고 있다.

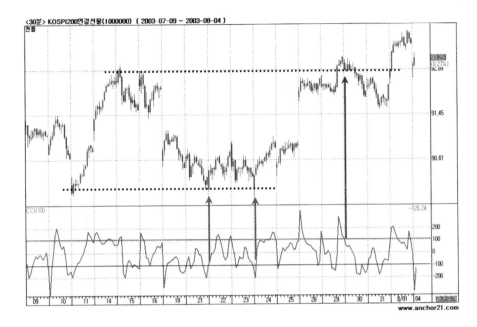

〈30분〉 KOSPI200연결선물(1000000) (2003·07·09 ~ 2003·08·04)

www.anchor21.com

7월 22일과 24일 첫 캔들에서 매수진입 조건이 된다.

7월 30일은 저항선을 돌파하여 저항선은 이미 지지선으로 전환된 상태이다.

지지선 위에서 CCI가 +100을 하향이탈하면서 매도신호를 보였지만, 지지선을 하향돌파하지 않았으므로 매도진입은 보류한다.

이 때는, 지지선을 하향돌파 시 매도로 진입한다.

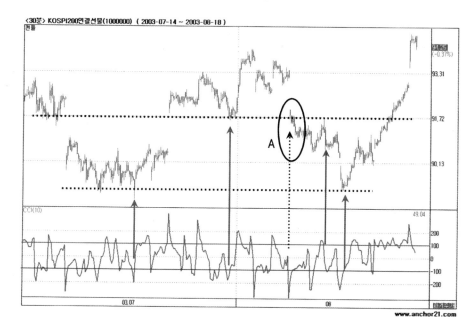

〈30분〉KOSPI200연결선물(1000000) (2003-07-14 ~ 2003-08-18)

www.anchor21.com

　　8월에 지지선을 하향이탈하지만, 다른 지표와 달리 매도신호가
발생하지 않는다(A).

　　그 외 다른 변곡점에서 양호한 신호를 보여 주고 있다.

지금까지 30분 차트의 기술적 지표를 기준으로 매수, 매도시점에 대해 알아 보았다.

비교저 저점매수, 고점매도로 신뢰성있음이 확인되었다.

정리해 보면,

기술적 지표의 신호는 가격의 움직임에 따라 신호를 발생시키는데, 모든 신호를 기준으로 매매하기는 어렵다.

여러 신호들을 여과하여 어느 특정신호 진입해야 하는데, 바로 변곡점에서의 지표 신호를 기준으로 하는 것이다.

예를 들어, 80포인트가 지지선이라면 80포인트 이외의 가격에서는 기술적 지표의 신호는 무시하고, 80포인트에서 매수신호가 매수진입의 기준이 되는 것이다.(저항선에서는 반대이다.)

이 때, 기술적 지표는 필자의 투자성향이나 특성에 따라 다양하게 선택할 수 있으나 지표의 크로스 조건을 기준으로 하는 것은 진입시점이 다소 늦을 수 있는 단점이 있으므로, 이 점을 고려하여 진입기준을 선택하는 것이 바람직하다.

변곡점에서는 대부분 가격의 움직임이 신속하게 이루어지므로, 단기 변동지표의 반전이나 단기 추세지표의 반전 기준이 바람직하다.

지금까지 30분 차트에서 가격기준과 기술적 지표의 진입기준에 대해서 알아 보았다.

가격기준과 기술적 지표 기준이 양호한 진입의 모습을 보였는데, 이것이 가능한 것은 미리 설정해 놓은 변곡점에서만 진입을 했기 때문이다.

지겹도록 변곡점 애기를 하고 있는데, 변곡점이 아닌 지점에서의 진입은 실패할 확률이 많고 이익을 보더라도 길게 보유하기가 힘들다고 언급했었다.

계속해서 손실을 보고 있는 투자자라면, 자신의 매매시점이 변곡점이 아닌 지점에서 매매가 이루어지는지 체크해 볼 필요가 있다.

지금까지 설명한 내용만으로도 KOSPI200선물시장은 물론 다른 어떤 시장에서도 얼마든지 수익을 낼 수 있다고 확신하고 있다.

처음에 언급한 것처럼 특별한 비법이 있어서 수익을 내는 게 절대 아니다.

변곡점까지 기다릴 줄 아는 여유와 인내, 진입기준에 만족하면 바로 진입하는 과감성, 손절매 기준에 해당되면 칼같이 손절할 줄 아는 냉정함.

이 세 가지만 겸비하고 있다면 반드시 성공할 것이다.

그러나, 위의 세 가지를 실천할 수 없는 투자자라면, 함부로 시장에 참여해서는 안된다고 엄중히 경고하고 싶다.

아무리 뛰어난 첨단장비를 보유하고 있는 군인이 있더라도 전쟁터에서 공포에 휩싸이거나 기본적인 정신무장이 되어 있지 않다면, 그 군인은 살아남기 힘들 것이다.

그래서, 논산훈련소에서 훈련을 받고, 배치를 받고서도 계속 훈련을 하는 것이다.

우리 투자자들도 실전에 뛰어들기 전에 강도 높은 훈련을 받아야 한다.

그리고, 실전에서도 계속 훈련을 해야 전쟁터와도 같은 시장에서 살아남을 것이다.

제 4 부

일목 균형표의 세계

2부에서 일목균형표에 대한 언급이 있었지만, 주로 지지선과 저항선 활용에만 치중하였고, 세부적인 내용은 본 장에서 자세히 알아보기로 하자.

일목균형표 1969년 이찌모꾸산징(一目山人)이라는 분에 의해 일본에서 출간되었다.

일목균형표는 무엇보다도 비교적 정확하다는 점과 시세의 균형을 한 눈에 알아 볼 수 있다는 장점이 있다.

다른 기술적 분석법은 주로 '가격'에 기초하여 얼마에 사고 파는지에 결론을 제시하고 있지만, 일목균형표는 시간이 얼마나 지나면 사고 팔아야 하는지, 즉 '시점'이 얼마나 흐른 후에 발생하는지 예측하는 분석법이라고 할 수 있다.

일목균형표는 일본 시장에서 유명해 졌고, 우리나라에는 1996년 신영증권에서 소개하여 알려지게 되었다.

일목균형표는 5개의 선을 이용하여 예측하는 기법인데, 하나씩 알아보도록 하자.

전환선은 9일간의 최고값과 최저값의 중간값으로서 9일 이동평균선과 비교할 수 있다.

이동평균선은 각 캔들의 종가가 모두 계산에 포함되어 곡선의 형태로 그려지지만, 전환선은 최고값과 최저값 2개의 가격만이 계산에 포함되므로 직선의 형태로 그려지게 되는 것이 틀린 점이다.

주의할 점은 캔들의 종가가 아니라 최고가 및 최저가로 계산되므로, 유동성이 취약한 상품의 경우에 급등락하는 종목이라면 전환선값 뿐만 아니라 일목균형표 분석 자체가 어렵게 된다. 따라서 유동성이 풍부한 종목인 경우에 분석이 유리하다.

전환선의 활용

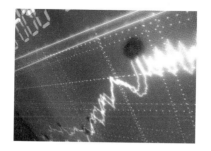

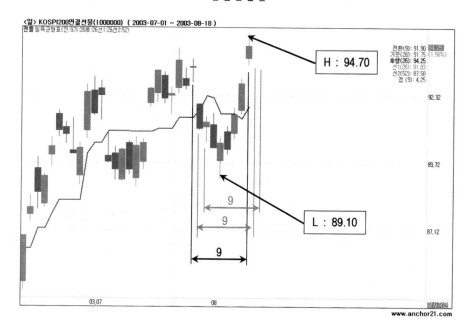

당일을 포함한 최근 9일간(캔들 9개) 89.10포인트가 최저가였으며, 94.70포인트가 최고가이므로 (89.10+94.70)/2=91.90포인트가 전환선의 값이 된다.

지수가 하락하더라도 4일동안 89.10포인트 이상이라면 최저가는 변화가 없으므로, 전환선은 수평으로 그려질 것이 분명하다.

반대로 상승하더라도 94.70포인트 이하라면 최고가는 변화가 없으므로, 전환선은 수평으로 그려질 것이다.

그러나, 94.75포인트 이상이면 전환선은 싱승할 것이며, 89.05포인트 이하이면 전환선은 반드시 하락하게 될 것이다.

이런 방법으로 다음 날의 전환선 방향을 예측할 수가 있어 지수의 움직임도 예측할 수 있게 된다.

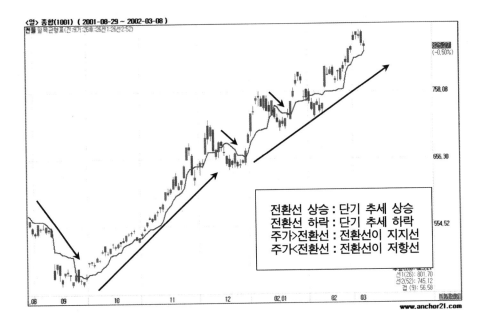

전환선 상승 : 단기 추세 상승
전환선 하락 : 단기 추세 하락
주가>전환선 : 전환선이 지지선
주가<전환선 : 전환선이 저항선

    전환선이 상승추세이면 단기적으로 지수는 상승을 하며, 전환선
이 하락추세이면 지수는 단기적으로 하락을 한다.

그리고, 지수가 전환선 위에 있을 때는 전환선은 단기적인 지지선이 되
고, 지수가 전환선 아래에 있을 때는 전환선은 단기적인 저항선이 된다.

지수가 상승추세라 하더라도, 전환선이 하락으로 전환되면 단기 조정을
염두에 두어야 하고, 전환선 상승으로 전환시에 매수로 접근해야 한다.

지나 9.11 테러 전에 전환선은 이미 하락추세로 전환되었으며, 지수도
전환선의 저항을 받고 있던 시점으로 단기 하락에 대비해야 했던 시점이
었다고 할 수 있다.

이후 10월에 접어 들면서 전환선이 상승으로 전환되고 꾸준한 상승세가
이어 간다.

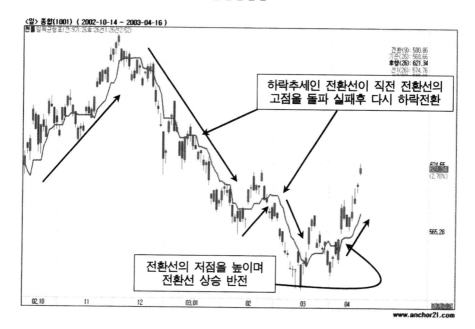

〈일〉 종합(1001) (2002-10-14 ~ 2003-04-16)

하락추세인 전환선이 직전 전환선의
고점을 돌파 실패후 다시 하락전환

전환선의 저점을 높이며
전환선 상승 반전

www.anchor21.com

전환선의 추세가 지수에 잘 반영되고 있다.

전환선은 단기 가격 흐름이므로, 전환선이 하락추세일 때는 지수는 전환선을 상향돌파하는 경우가 발생하는 경우가 있을 수 있다.

그러나, 전환선의 직전 고점돌파를 실패하고 다시 하락추세로 전환되면서 하락폭이 깊어진다.(2003년 1월, 3월)

4월은 전환선의 직전 지점을 높이며 상승폭이 확대되고 있다.

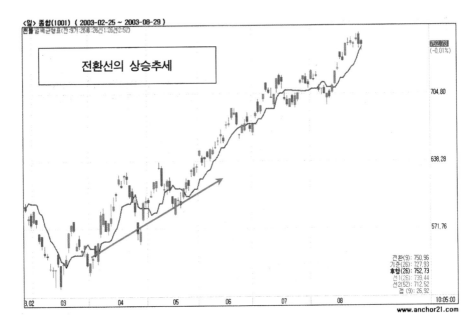

<일> 종합(1001) (2003-02-25 ~ 2003-08-29)

전환선의 상승추세

www.anchor21.com

　　4월과 5월에 두 차례 급락을 하며 단기 추세선인 전환선이 하락 반전하기도 하지만, 전환선의 저점을 높이면서 상승추세로 이어지고 있다.

　　지수가 급등락 시에는 3, 4, 5월과 같이 전환선이 늦게 반응할 수도 있고, 지수는 하락하는데 전환선은 오히려 상승하는 경우도 발생할 수 있다.

　　따라서, 상승추세에서도 지수가 전환선을 하향이탈하면 일단 단기 하락에 대비해야 하며, 전환선 회복 시에 매수로 진입하는 것이 바람직하다.

전환선은 주봉에서 보다 명확하다.

지수가 전환선을 상향돌파하면 상승추세의 초기단계라고 할 수 있으며, 전환선의 상승 반전은 상승추세에 진입했다고 판단할 수 있다.

주봉에서의 전환선은 일봉보다 중요한 지지선과 저항선으로서 변곡점이 된다.

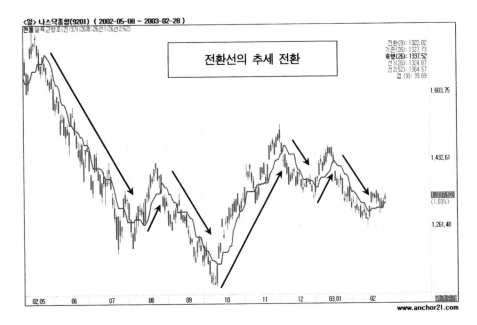

⟨일⟩ 나스닥종합(9201) (2002-05-08 ~ 2003-02-28)

전환선의 추세 전환

전환(9): 1322.02
기준(26): 1327.73
후행(26): 1337.52
선1(26): 1324.87
선2(52): 1364.57
겝 (9): 39.69

1,603.75
1,432.61
1,261.48

02.05   06   07   08   09   10   11   12   03.01   02

www.anchor21.com

    전환선은 나스닥 시장에서도 단기 추세를 파악하는데 아주 용이하게 이용할 수 있다.

  전환선의 추세가 시장의 단기 추세를 잘 반영하고 있는 것을 알 수 있다.

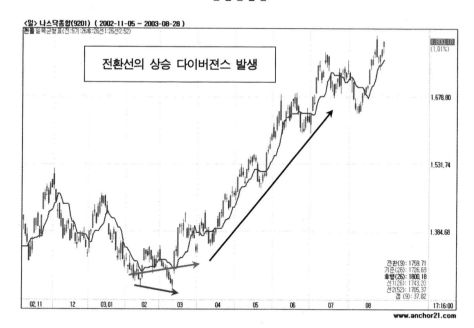

    3월에 지수는 전저점을 붕괴하기도 하였지만, 전환선은 직전 저
점을 높이며 전환선의 상승 다이버젼스가 출현하였다.

    이후, 지수는 급속한 상승을 보였다.

〈주〉 나스닥종합(9201) (2001-03-23 ~ 2003-08-27)

www.anchor21.com

나스닥 시장의 주봉에서도 전환선은 보다 명확하다.

지수가 전환선을 상향돌파하면 상승 초기, 하락돌파하면 하락 초기 국면이라 볼 수 있으며, 전환선의 반전이 추세 반전이라고 볼 수 있다.

그리고, 전환선은 중요한 지지선과 저항선으로서 변곡점이 된다.

전환선의 추세가 시장의 추세를 잘 반영하고 있다.

자, 지금까지 일목균형표의 전환선에 대하여 알아 보았다.

급등락의 경우를 제외하고, 대체적으로 전환선이 상승추세이면 지수도 상승하고, 전환선이 하락추세이면 지수도 하락한다는 것을 알 수 있다.

그렇다면, 전환선의 방향을 미리 알 수 있다면 다가올 시장 흐름에 대해 어느 정도 예측이 가능하다고 할 수 있다.

■ ■ ■ ■ ■

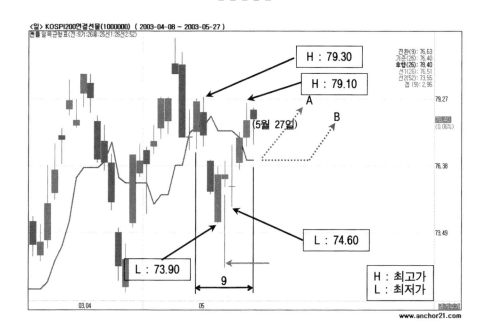

5월 27일 현재 전환선이 단기 하락으로 반전된 이후 수평을 유지하고 있다.

앞으로 전환선의 단기 흐름을 A, B로 나누어 예상해 볼 수 있다.

내일 지수가 73.90~79.30포인트 내에서만 거래가 된다면, 9일동안 최고점과 최저점에는 변화가 없으므로, 전환선은 수평을 계속 유지할 것이다.

이후에 최고점을 갱신하게 되면 B와 같은 전환선의 흐름이 그려질 것이다.

그러나, 내일 73.95포인트 이상에서 거래가 된다면 최고점이 갱신이 되므로, 전환선은 분명히 A와 같이 상승으로 전환될 것이다.

만일, 앞으로 73.90~79.30포인트에서만 거래된다고 가정해 보자.

다음 날인 5월 28일은 최고가와 최저가가 동일하므로 전환선이 수평을 유지할 것이다.

그 다음 날인 5월 29일에는 최고점이 79.30포인트에서 79.10포인트로 낮아지기 때문에 전환선은 소폭 하락할 것이다.

다음 날인 5월 30일(금)에도 최고가와 최저가가 79.10포인트와 73.90 포인트가 그대로 유지되므로 전환선은 수평을 그리게 된다.

4일이 지난 6월 1일(월)이 되면 최저가가 73.90포인트에서 74.60포인 트로 높아지게 되고 전환선은 당연히 상승하게 되며 단기 상승추세의 변곡일이 되는 것이다.

결국, 최고가를 갱신하지 않아도 시간이 지나면서 자연스럽게 최저가가 높아지면서 전환선이 상승하게 된다.

이와같은 방법으로 지수의 단기 변곡일을 예측할 수가 있다.

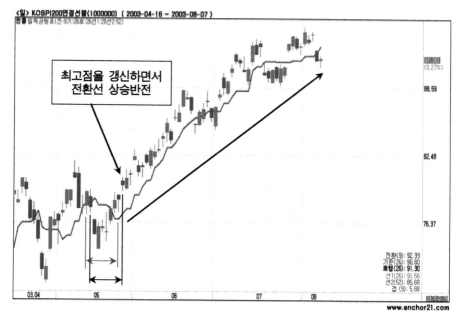

〈일〉 KOSPI200연결선물(1000000) (2003-04-16 ~ 2003-08-07)

최고점을 갱신하면서
전환선 상승반전

전환(9): 92.33
기준(26): 90.80
후행(26): 91.30
선1(26): 91.56
선2(52): 85.68
겹 (9): 5.88

www.anchor21.com

　　결국, 다음 날 최고가를 80.45포인트로 기록되면서 최근 9일간
의 최고가를 갱신하였다.

　　따라서, 자연히 전환선은 상승으로 전환되었고, 이 날이 단기 상승추세
의 변곡일이 된다고 할 수 있다.

　　상승으로 반전된 전환선은 8월까지 상승추세를 이어간다.

기준선의 활용

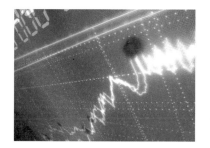

기준선은 당일을 포함한 26일간의 최저가와 최고가의 중간값으로서 중기 이동평균선에 비교할 수 있다.

■ ■ ■ ■ ■

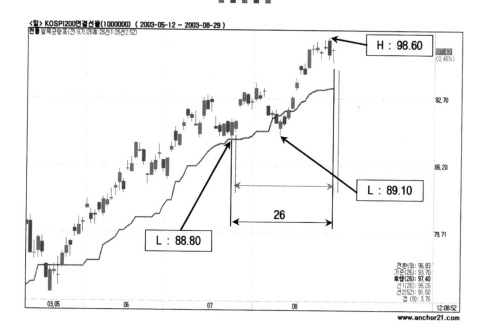

당일을 포함한 26일간의 최저가 88.80포인트이고, 최고가가 98.60포인트이므로, (88.80 + 98.60)/2 = 93.70포인트가 기준선의 값이 된다.

8월 29일(금) 현재 기준선이 수평을 유지하고 있는데, 하루가 지나면 기준선은 반드시 소폭 상승할 것이다.

26일전의 최저가인 88.80포인트가 계산에서 제외되고 89.10포인트가 새로운 최저가가 되기 때문이다.

이같은 방법으로 기준선의 상승 및 하락 반전을 예측할 수 있다.

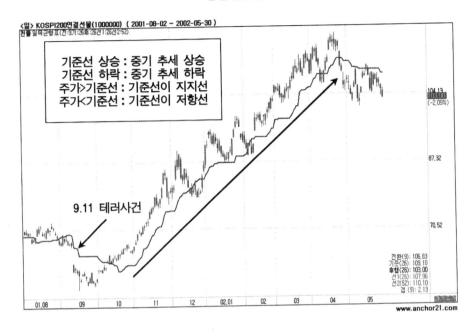

〈일〉KOSPI200연결선물(1000000) (2001-08-02 ~ 2002-05-30)
완몰일력균형Ⅱ(전10가:36종:26선1:26선2'52)

기준선 상승 : 중기 추세 상승
기준선 하락 : 중기 추세 하락
주가>기준선 : 기준선이 지지선
주가<기준선 : 기준선이 저항선

9.11 테러사건

전환(9): 106.83
기준(26): 109.10
후행(26): 103.00
선1(26): 107.96
선2(52): 110.10
갭 (9): 2.13

01,08   09   10   11   12   02,01   02   03   04   05

104,13
103.00
(-2.09%)

87,32

70,52

www.anchor21.com

전환선은 단기 추세를 파악하는데 용이한 반면, 기준선은 중기 추세를 파악하는데 용이하다.

기준선 역시 지지선과 저항선으로 작용하는데 그 신뢰는 전환선보다 크다고 할 수 있다.

9.11 테러사건 이후 65포인트 부근에서 기준선이 상승반전된 이후, 무려 110pt 이상까지 지속되었다.

이와 같이 기준선이 하락추세에서 상승반전되는 시점이 중기 상승추세의 초기 국면이 될 수 있다.

기준선이 상승추세일 때는 중기추세가 상승추세이므로, 일시적인 하락은 조정으로 봐야 하며, 기준선으로 접근 시 저점 매수의 기회를 노려야 한다.

■ ■ ■ ■ ■

기준선이 중기 추세를 파악하는데는 용이하나, 단기 급등락시에
둔감하게 반응한다는 단점이 있기 마련이다.

따라서, 기준선의 반전만으로 추세를 파악하기에 어려울 수도 있으므
로, 전환선 및 앞으로 설명할 선행스팬과의 관계도 고려하면서 추세를 파
악하는 것이 바람직하다.

그러나, 전체적으로는 기준선의 추세대로 지수의 흐름이 진행되고 있는
모습이다.

특히, 12월이 고점이 직전 기준선의 고점을 상향돌파하지 못한채 하락
반전되면서 큰 폭의 하락이 나타나고 있다.

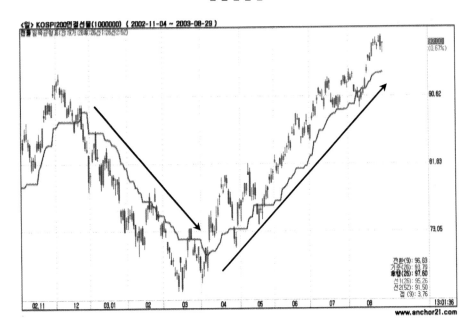

〈일〉KOSPI200연결선물(1000000) (2002-11-04 ~ 2003-08-29)

97.00
(0.67%)

90.62

61.83

73.05

전환(9): 96.83
기준(26): 93.70
후행(26): 97.60
선1(26): 95.26
선2(52): 91.50
갭 (9): 3.76

13:01:36

www.anchor21.com

기준선의 추세대로 지수의 중기 추세가 진행되고 있음을 보여주고 있다.

기준선이 상승추세이면 기준선은 강한 지지선으로 작용하며, 기준선이 하락추세이면, 기준선은 강한 저항선으로 작용하게 된다.

기준선이 상승(하락)추세를 유지하고 있는 상태에서 지수의 단기 급락(급등)으로 인해 지수가 기준선을 하향(상향)이탈했을 때, 지수가 기준선을 회복하는 시점에서 지수는 상승(하락)으로 이어진다.

나스닥 시장에서도 기준선이 중기추세를 잘 반영하고 있다.

기준선이 2002년 1월에 하락반되면서 하락추세가 계속 진행되고 있다.

기준선이 하락추세일 때, 지수가 단기 급등하여 기준선을 상향돌파할 수 있다.

이 때, 기준선이 사용반전되지 않는 상태에서 기준선을 재차 하향돌파하면 지수는 추가 하락으로 이어진다.

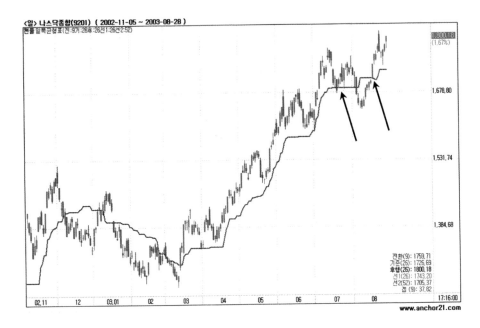

<일> 나스닥종합(9201) (2002-11-05 ~ 2003-08-28)

2003년 3월에 기준선이 상승반전되면서 8월까지 상승추세가 이어지고 있다.

기준선이 상승추세일 때, 지수가 단기 급락하여 기준선을 하향돌파할 수 있다.

이 때, 기준선이 하락반전되지 않는 상태에서 지수가 기준선을 상향돌파하면 추가 상승으로 이어진다.

국내시장과 미국시장 모두 기준선이 중기추세를 파악하는데 아주 유용한 지표로 활용할 수 있다.

제 3 장

후행스팬의 활용

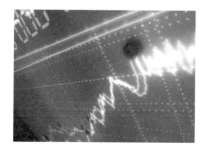

당일의 종가를 과거 26일에 그대로 옮겨 놓은 선으로서 현재의 가격과 과거 26일의 가격에는 중요한 관계가 있다는 개념으로 이해할 수 있다.

즉, 현재 가격이 과거 26일전 가격 이상이면 강세이며, 이하이면 약세라는 개념이다.

현재가격이 과거 26일전 가격과 일치한다면 단기 변곡점이 될 수 있다.

■ ■ ■ ■ ■

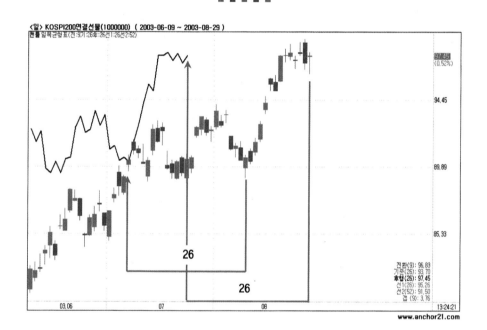

결국, 후행스팬과 주가와의 관계를 분석함으로써, 시장의 추세와 변곡점을 찾고자 하는 것이다.

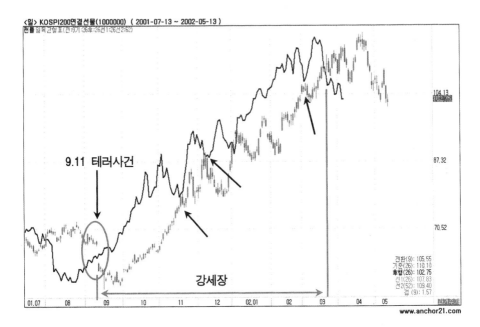

〈일〉KOSPI200연결선물(1000000) (2001-07-13 ~ 2002-05-13)

9.11 테러사건

강세장

전환(9): 105.55
기준(26): 110.10
후행(26): 102.75
선1(26): 107.83
선2(52): 109.40
갭 (9): 1.57

104.13

87.32

70.52

01.07   08   09   10   11   12   02.01   02   03   04   05

www.anchor21.com

후행스팬 〉 캔들이면, 강세장이고,
후행스팬 〈 캔들이면, 약세장이라고 할 수 있다.
후행스팬 〉 캔들이면, 후행스팬은 캔들의 지지를 받으며,
후행스팬 〈 캔들이면, 후행스팬은 캔들의 저항을 받는다.

　지난 9.11 테러사건 때의 큰 갭을 후행스팬이 아무런 저항없이 돌파하는 모습이 인상적이다.
　이후, 지수는 상승추세로 진행되면서 조정 시 캔들에서 지지를 받으며 큰 폭의 상승을 이어간다.
　이 때, 후행스팬과 캔들이 일치하는 지점에서 단기 변곡점으로 작용하는 모습이다.

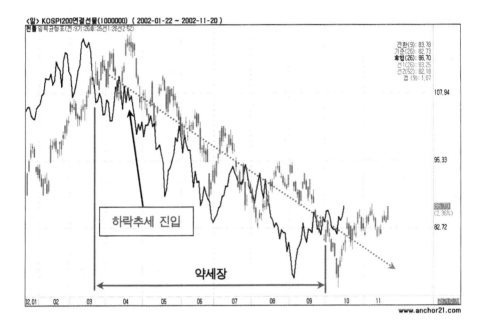

〈일〉 KOSPI200연결선물(1000000) (2002-01-22 ~ 2002-11-20)
일목균형표(전:9기:26후:26선1:26선2:52)

전환(9): 83.78
기준(26): 82.73
후행(26): 86.70
선1(26): 83.25
선2(52): 82.18
겹 (9): 1.07

107.94

95.33

86.70
(2.36%)

82.72

하락추세 진입

약세장

www.anchor21.com

후행스팬이 주가보다 위에 위치하면서 강세장을 연출하던 장세가 캔들을 하향이탈하고 난 후, 캔들의 저항을 받으며 약세장으로 전환되는 모습이다.

이 때, 후행스팬은 캔들의 저항을 받으며 추가하락하게 된다.

후행스팬은 중기하락추세에서 캔들을 일시적으로 상향돌파하는 경우가 자주 발생하는데, 후행스팬의 하락추세대에서 저항을 받으며 추가하락하는 모습이다.

특징적인 것은, 강세장에서 후행스팬이 캔들을 하향이탈한 이후에, 반등 시 캔들의 저항을 받고 하락하게 되면, 하락추세로 진입했다고 판단할 수 있다.

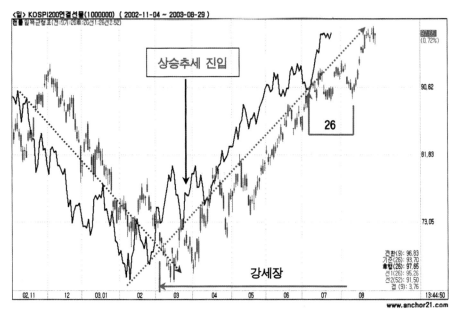

〈일〉 KOSPI200연결선물(1000000) (2002-11-04 ~ 2003-08-29)
일목균형표(전:0기:26선:26선1:26선2:52)

상승추세 진입

26

강세장

전환(9): 96.83
기준(26): 93.70
후행(26): 97.65
선1(26): 95.26
선2(52): 91.50
겹 (9): 3.76

www.anchor21.com

후행스팬이 캔들을 상향돌파하고 난 이후에 상승추세를 이어가고 있다.

이 때, 후행스팬이 캔들부근에 접근하면 캔들의 지지를 받는 모습이 나타난다.

따라서, 캔들과 후행스팬이 만나는 가격대에서는 단기 변곡점이 된다.

최근 8월의 저점은 후행스팬이 캔들에 지지를 받는 지점으로 변곡점이 되었다.

특징적은 것은, 약세장에서 후행스팬이 캔들을 상향이탈한 이후에, 반락 시 캔들의 지지를 받고 상승하게 되면, 상승추세로 진입했다고 판단할 수 있다.

■ ■ ■ ■ ■

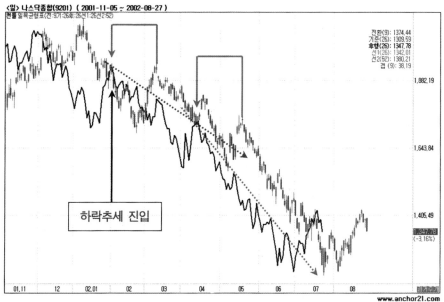

〈일〉나스닥종합(9201) (2001-11-05 ~ 2002-08-27)
캔들 일목균형표(전:9기:26후:26,선1:26,선2:52)

전환(9): 1374.44
기준(26): 1309.59
후행(26): 1347.78
선1(26): 1342.01
선2(52): 1380.21
겹 (9): 38.19

1,882.19

1,643.84

1,405.49

1,347.78
(-3.16%)

하락추세 진입

01,11   12   02,01   02   03   04   05   06   07   08

www.anchor21.com

　　　지난 3월과 5월의 고점은, 후행스팬이 캔들에 저항을 받는 지점
으로 단기 변곡점에 해당된다.
　　캔들을 하향이탈한 후행스팬이 반등 시 캔들의 저항을 받고 재차 하락
하면서 하락추세로 진입하고 있다.

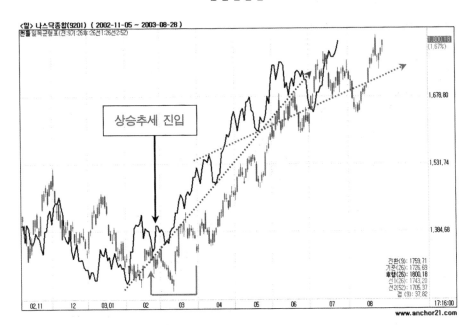

2월에 후행스팬이 캔들을 상향돌파한 이후, 반락시 캔들의 지지를 받으며 상승추세로 전환되는 모습이다.

지난 3월말은, 후행스팬이 캔들에 지지를 받는 단기 변곡점이 된다.

7월의 경우처럼 지수가 급등락을 한다면, 후행스팬이 캔들을 하향돌파한 이후에 상승추세로 계속 이어지는 경우도 있다.

따라서, 후행스팬과 캔들과의 관계만을 가지고 시장 전체를 분석하기는 어려움이 있을 수 있으나, 추세전화 및 단기 변곡점을 찾는데 유용하게 활용할 수 있다.

제 4 장

선행스팬1, 2의 활용

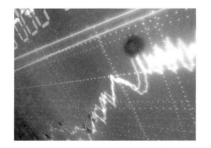

선행스팬1은 전환선의 값과 기준선의 값의 중간값으로(전환선 값+기준선 값)/2이다.

선행스팬2는 52일간의 최고값과 최저값의 중간값으로(52일간의 최고가+52일간의 최저값)/2로 계산된다.

선행스팬1과 선행스팬2의 공간을 빗금으로 표시하여 구름대라고 부르는데, 양운과 음운으로 구분되며, 당일을 포함하여 26일 미래에 그려진다.

■ ■ ■ ■ ■

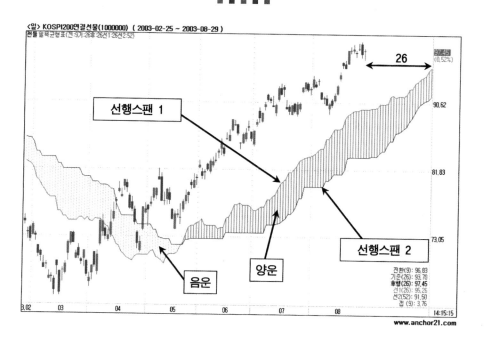

 선행스팬1 〉 선행스팬2이면, 양운(적색)이라 하고,
선행스팬1 〈 선행스팬2이면, 음운(청색)이라 한다.

구름대는 향후 주가의 지지구간과 저항구간의 역할을 하며, 구름대의 두께에 따라 그 지지구간과 저항구간의 힘의 크기를 예측할 수가 있다.

그 외 변곡점을 찾아내는데 아주 유용한 지표로 활용할 수 있다.

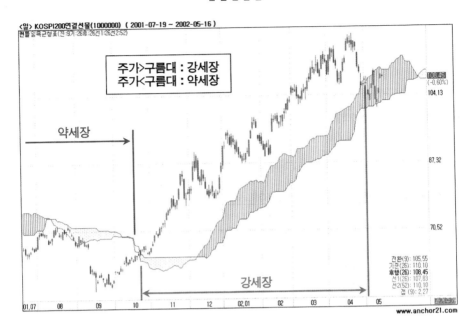

〈일〉 KOSPI200연결선물(1000000) (2001-07-19 ~ 2002-05-16)
일목균형표(전 9)(26 후 26선1:26선2:52)

주가>구름대 : 강세장
주가<구름대 : 약세장

약세장

강세장

전환(9): 105.55
기준(26): 110.10
후행(26): 108.45
선1(26): 107.83
선2(52): 110.10
갭(9): 2.27

108.45
(-0.60%)
104.13

87.32

70.52

01,07   08   09   10   11   12   02,01   02   03   04   05

www.anchor21.com

지수가 구름대 위에 있으면 강세장이며, 이 때 선행스팬1과 2는 지지선으로 작용한다.

지수가 구름대 아래에 있으면 약세장이며, 이 때 선행스팬1과 2는 저항선으로 작용한다.

그리고, 구름대의 두께(갭)가 두꺼우면 두꺼울수록 지지대와 저항대로서 신뢰가 크다고 할 수 있다.(갭 : 선행스팬1과 2의 차이)

2001년 8월, 지수는 구름대 아래에 위치하고 있어 약세장이었으며 구름대의 상한선에 저항을 받는 모습이다.

비교적 얇은 구름대인데도 불구하고 지수가 상향돌파를 하지 못한다는 것은 그 만큼 시장의 매수세가 취약하므로, 어떤 약재에 민감하게 반응하다고 평가할 수 있다.

공교롭게도, 미국 뉴욕의 9.11 테러사건도 지수가 구름대 아래인 시점에서 발생하였다.

테러사건 이후 2001년 10월에 지수는 구름대로 접근하게 되는데 이때, 비교적 얇은 구름대이므로 저항력은 약하다고 평가할 수 있다.

별다른 저항 없이 구름대에 안착한 지수는 급상승하여 다음 해 5월까지 강세장으로 이어진다.

8월의 경우, 비교적 얇은 구름대를 돌파하지 못하면서 큰 하락을 보였고,

반대로 10월의 경우는 구름대를 상향돌파하면서 상승추세로 전환된 모습이다.

상승추세에서 지수는 단기 급등락을 하지만, 구름대를 하향돌파하지 않으므로 계속해서 강세장이 이어지고 있다고 판단할 수 있다.

전환선, 기준선 및 후행스팬에 비해 중기추세를 판단하는데 유용한 지표이다.

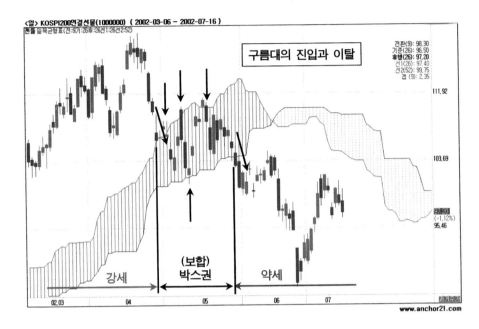

〈일〉KOSPI200연결선물(1000000) (2002-03-06 ~ 2002-07-16)

구름대의 진입과 이탈

전환(9): 98.30
기준(26): 96.50
후행(26): 97.20
선1(26): 97.40
선2(52): 99.75
겹 (9): 2.35

111.92

103.69

97.20
(-1.12%)
95.46

강세   (보합)
           박스권   약세

02.03   04   05   06   07

www.anchor21.com

    구름대 위에 있던 지수가 구름대의 상한선에서 지지를 받지 못
하고 일단 구름대 내부에 진입하게 되면, 구름대 내부에서 박스권
장세가 나타나는 것이 일반적이다.

    이는 구름대를 벗어나기 위한 과정이라고 볼 수 있는데, 구름대의 두께
가 두꺼울수록 이 때, 구름대의 상한선과 하한선은 저항선과 지지선으로
서 신뢰가 크다고 할 수 있다.

    2002년 4월의 경우, 단기 급락한 지수는 지지대인 구름대의 상한선에
서 단기적으로 지지되는 모습을 보였으나, 결국 구름대 내부로 진입을 하
는데 구름대의 상한선과 하한선에서 단기적인 저항과 지지가 되고 있다.

    상승(하락)추세이던 지수가 일단 구름대 내부에 진입하게 되면, 상승추
세로 이어질지 혹인 하락추세로 전환될지 알 수가 없다.

    구름대를 돌파하기 전까지는 구름대 내부에서의 박스권 매매가 바람직
하다.

결국, 탈출구를 아래로 결정한 지수는 구름대의 하한선에서 저항을 받고 약세장으로 접어 들게 된다.

5월말에 지수는 구름대를 하향돌파하면서 결국 하락쪽으로 방향을 잡았으며, 이후 추가 하락이 이어지고 있다.

이처럼, 구름대 내부에 머물던 지수가 구름대를 벗어나게 되면, 그 벗어난 방향으로 추세가 진행될 가능성이 많다.

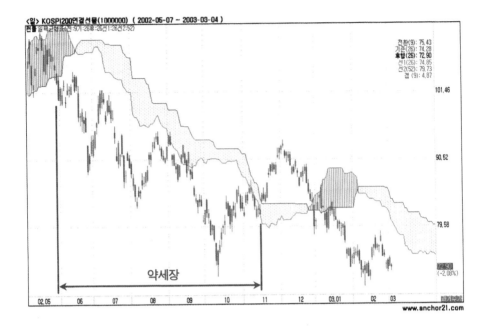

〈일〉KOSPI200연결선물(1000000) (2002-05-07 ~ 2003-03-04)

전환(9): 75.43
기준(26): 74.28
후행(25): 72.90
선1(26): 74.85
선2(52): 79.73
결 (9): 4.87

101.46

90.52

79.58

72.90
(-2.08%)

약세장

02.05   06   07   08   09   10   11   12   03.01   02   03

www.anchor21.com

　　　2002년 6월, 구름대를 하향돌파한 지수는 11월까지 약세장으로
이어진다.

　　약세장에서 9월 11월에 저항대인 구름대에 저항을 받고 하락하는데, 이
때 구름대의 하한선인 선행스팬1이 급격히 하락 중이었다.

　　이같이 구름대의 하단부인 선행스팬1이 급락할 때 저항의 크기는 크다
고 할 수 있다.

　　11월과 12월에 두 차례의 구름대 돌파가 발생하는데, 이 때 구름대의 두
께가 비교적 얇았기 때문에 돌파가 쉽게 이루어 졌다고 분석할 수 있다.

　　2003년 1월에 접어들면서 구름대의 두께는 굵어졌고, 구름대 하향돌파
후 구름대의 하한선에서 저항을 받고 전저점까지 급락하는 모습이다.

　　특징적인 것은, 구름대 아래에 있던 지수가 구름대에 진입한 이후에, 재
차 구름대를 하향돌파하는 모습이 나타나면, 비교적 큰 폭의 하락이 나타
난다.

■ ■ ■ ■ ■

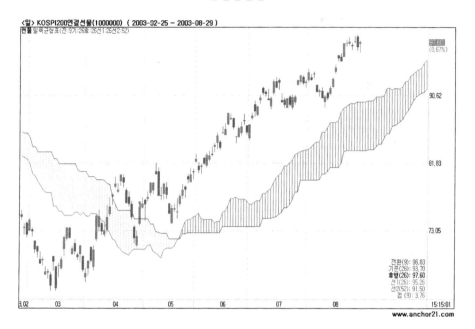

<일> KOSPI200연결선물(1000000) (2003-02-25 ~ 2003-08-29)

약세장이던 지수는 4월에 구름대를 상향돌파하며 강세장으로 전
환되었다고 할 수 있다.

강세장에서 구름대는 지지대로 작용하는데 구름대의 상한선은 1차 지지
선으로 작용한다.

그러나, 지수는 구름대 내부로 바로 진입을 하였고, 이후부터는 구름대
내부에서의 등락을 예상할 수 있다.

이 때, 구름대는 비교적 얇은 편이었으므로, 구름대 내부에서의 등락
은 단기간에 어느 방향으로 빠르게 돌파할 수 있으리라는 기대를 할 수
가 있다.

결국, 지수는 장대양봉을 출현시키며 구름대 상승돌파의 강한 의지를
보였다.

이후부터는 8월까지 강세장이 계속 이어지고 있다.

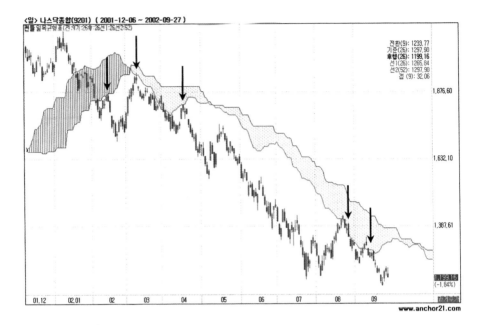

〈일〉 나스닥종합(9201) (2001-12-06 ~ 2002-09-27)
캔들일목구형표(전:9기:26후:26선:26선2:52)

전환(9): 1233.77
기준(26): 1297.90
후행(26): 1199.16
선1(26): 1265.84
선2(52): 1297.90
겹(9): 32.06

1,876.60

1,632.10

1,387.61

1,199.16
(-1.84%)

01.12   02.01   02   03   04   05   06   07   08   09

www.anchor21.com

구름대는 나스닥 시장에서도 유용한 분석도구이다.

2002년 2월에 구름대를 하향돌파한 이후에 하락추세가 계속되는 모습이다.

특히, 3월에 비교적 얇은 구름대를 상향돌파하지 못하고 본격적으로 하락하고 있다.

3~4월과 8~9월에 구름대의 저항을 받는 모습이다.

■ ■ ■ ■ ■

급등락을 하던 지수는, 4월에 구름대의 수평구간에서 지지를 받고 상승추세로 전환되는 모습이다.

최근 8월, 단기 급락 이후에 구름대의 상향선에서 지지를 받고 급등하는 모습이다.

이처럼, 구름대의 상한선과 하한선은 각각 단기 변곡점으로 작용하는 경우가 많으며 신뢰가 크다.

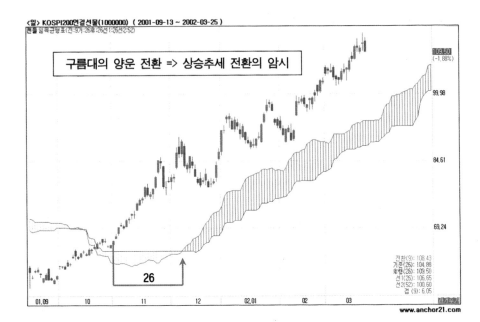

선행스팬1과 2가 서로 교차하면서 음운에서 양운으로 전환되면, 상승추세로의 전환을 암시한다.

11월 1일에 선행스팬이 교차가 되어 구름대는 음운에서 양운으로 이미 전환되었다.

따라서, 11월 1일 이후부터 상승추세로의 전환을 기대해 볼 수 있다.

이 때, 지수도 구름대를 상향돌파한 이후 구름대의 상한선에서 지지를 받고 있던 터라 그 신뢰는 크다고 할 수 있다.

양운으로 전환된 11월 1일 부근에서 본격적인 상승추세로 진행되는 모습이다.

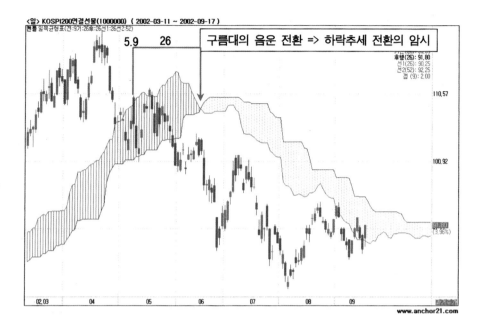

 5월 9일, 지수는 구름대의 상한선에서 지지를 받지 못하고, 큰 음봉을 출현시키며 구름대 내부로 진입하였다.

이 때, 선행스팬은 서로 교차가 되어 구름대가 양운에서 음운으로 전환된 상태이고, 하락추세로의 전환을 암시하고 있다고 할 수 있다.

이후 지수는 구름대 내부에서 등락을 하다가 결국, 구름대를 하향돌파하면서 본격적인 하락을 보인다.

〈일〉 KOSPI200연결선물(1000000) (2002-09-11 ~ 2003-03-20)

     11월 15일에 구름대를 상향돌파하면서 약세장에서 강세장으로
전환을 시작하였고, 이 때, 선행스팬이 교차하면서 음운에서 양운
으로 전환하여 상승추세를 암시하고 있다.

     따라서, 이 때부터 상승추세로의 전환을 기대해 볼 수 있다.

     이후, 강한 상승세를 보이던 지수는 12월 초순에 고점을 형성하며 추세
반전이 나타나며 재차 구름대까지 접근하게 된다.

     12월 27일에 구름대의 상단에서 지지를 받는 모습이나 이미 선행스팬
은 양운에서 음운으로 전환된 상태이므로, 하락추세로의 전환을 암시하
고 있다.

     결국, 지수는 구름대를 하향돌파한 이후에 비교적 두꺼운 구름대의 하
한선에 저항을 받으며 본격적으로 하락하기 시작한다.

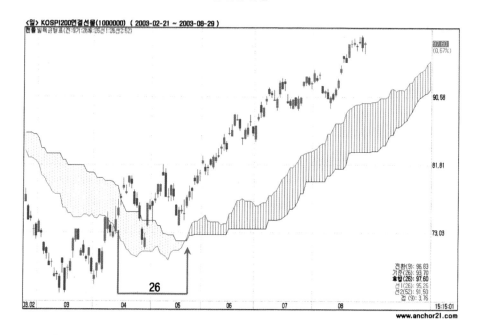

4월에 지수는 구름대 진입을 하였고, 이 때부터는 구름대를 상향돌파를 하면 상승으로, 구름대를 하향돌파하면 하락추세로 이어질 수 있다고 판단할 수 있다.

이 때, 선행스팬의 구름대는 이미 양운으로 전환된 상태이므로 상승쪽으로 더 비중을 둘 수 있다.

지수는 예상대로 구름대를 상향돌파하면서 본격적인 상승추세로 진행되는 듯 하였으나 단기 급락하면서 재차 구름대를 진입하게 된다.

그러나, 구름대는 양운을 유지하고 있었으므로, 지수의 구름대 하향이탈 여부가 최대 관건이 된다.(구름대 하한선이 변곡점이 된다.)

결국, 지수는 4월말에 구름대의 하한선에서 단기 저점을 형성하며 구름대를 상향돌파하면서 상승추세를 이어간다.

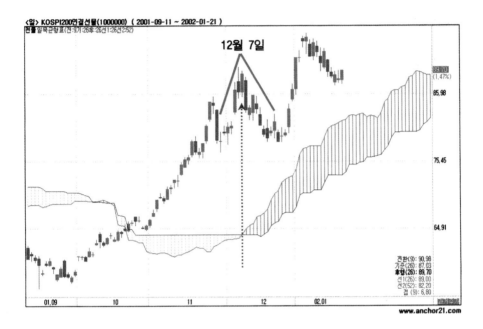

　　　　구름대의 양운과 음운이 교차되는 지점에서 단기 추세 반전이 나타나는 변곡일이 되는 경우가 많다.

　　변곡일에는 단기 추세의 반전이 나타날 수도 있고, 추세의 연장이 나타날 수도 있으나 최근의 경우 단기 추세의 반전이 나타나는 경우가 많았다.

　　따라서, 단기 상승하던 지수가 변곡일 부근이 되면 단기 하락반전에 대비를 해야하고, 단기 하락하였으면 단기 상승반전에 대비를 해야 한다.

　　구름대가 교차된 12월 7일은, 상승하던 지수의 단기 하락 반전이 나타난다.

　　강세장에서의 단기하락반전이므로, 조정으로 분석하는 것이 바람직하다.

■ ■ ■ ■ ■

<일> KOSPI200연결선물(1000000) (2002-03-22 ~ 2002-07-15)
천룡일목균형표(전:9기:26후:26선1:26선2:52)

전환(9): 97.00
기준(26): 96.50
후행(26): 98.30
선1(26): 96.75
선2(52): 99.75
겹 (9): 3.00

6월 18일

111.92
103.69
98.30
(-1.90%)
95.46

02.03   04   05   06   07

www.anchor21.com

　　　6월 18일은 양운에서 음운으로 교차되는 단기 변곡일에 해당한다.

　단기 상승하던 지수가 변곡일 부근에서 하락반전하는 모습이 나타나고 있다.

　약세장에서의 단기하락반전이므로, 하락추세가 연장될 가능성이 많다고 분석할 수 있다.

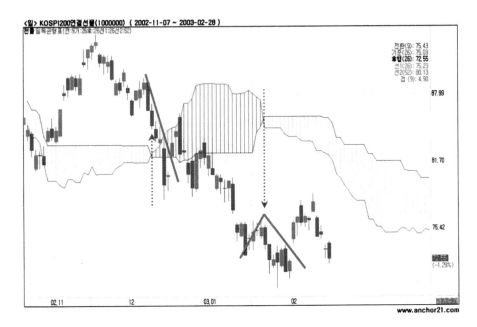

<일> KOSPI200연결선물(1000000) (2002-11-07 ~ 2003-02-28)

전환(9) : 75.43
기준(26) : 75.03
후행(26) : 72.55
선1(26) : 75.23
선2(52) : 80.13
갭 (9) : 4.90

87.99

81.70

75.42

72.55
(-1.29%)

02.11   12   03.01   02

www.anchor21.com

　　　　　12월과 2월에 두 차례 변곡일이 발생하였는데, 12월은 단기 추
세가 연장되는 경우에 해당되고, 2월은 단기 추세의 반전이 나타
나는 경우에 해당된다.

　　12월의 경우에는 변곡일의 저점을 하향돌파하였으므로 추세의 연장이
나타나며, 2월의 경우에는 변곡일의 고점을 상향돌파하지 못했기 때문에
단기 추세 반전이 나타난다.

■ ■ ■ ■ ■

〈일〉 KOSPI200연결선물(1000000) (2003-03-13 ~ 2003-07-03)

전환 일목균형표(전:9기:26후:26선1:26선2:52)

88.55
(0.63%)

84.03

77.53

71.02

전환(9): 87.18
기준(26): 84.58
후행(26): 88.55
선1(26): 85.88
선2(52): 80.43
겹(9): 5.45

03.03　　　　04　　　　05　　　　06　．　07

www.anchor21.com

최근 5월에 구름대가 교차하는 변곡일이 있었는데, 단기 하락하던 지수의 상승반전이 나타나는 모습이다.

강세장에서의 단기 상승반전이므로, 상승추세의 연장이 될 가능성이 많다고 분석할 수 있다.

     선행스팬2가 수평인 구간에서 선행스팬1이 위쪽으로 뾰족한 형태가 나타나면, 단기 추세가 반전하는 변화일이 되는 경우가 많다. 8월에 상승하던 지수가 단기 하락 반전하는 모습이다.

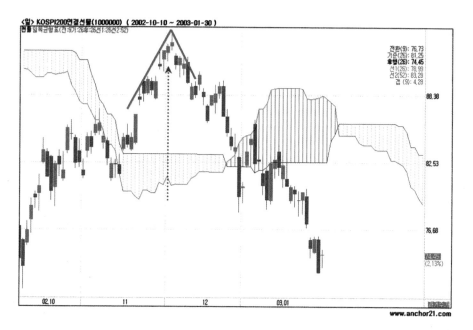

<일> KOSPI200현결선물(1000000) (2002-10-10 ~ 2003-01-30)
전통일목균형표(전:9)(26후:26선1:26선2:52)

전환(9): 76,73
기준(26): 81,25
후행(26): 74,45
선1(26): 78,99
선2(52): 83,28
겹 (9): 4,28

88,38

82,53

76,68

74,45
(2,13%)

02,10   11   12   03,01

www.anchor21.com

변곡일에 해당되는 날보다 1일 뒤에 고점을 형성하며 하락반전
이 나타났다.

변곡일을 기준으로 +1일, 혹은 −1일 정도는 차이가 있을 수 있다.

이 때, 선행스팬2의 수평구간이 길면 길수록 그 신뢰성은 높다고 할 수
있다.

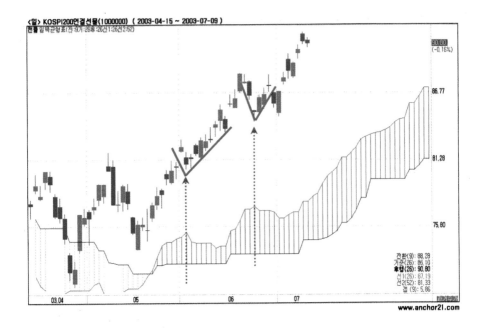

〈일〉 KOSPI200연결선물(1000000) (2003-04-15 ~ 2003-07-09)
일목균형표(전:9기:26중:26선1:26선2:52)

90.60
(-0.16%)

86.77

81.28

75.80

전환(9): 88.28
기준(26): 86.10
후행(26): 90.60
선1(26): 87.19
선2(52): 81.33
겹 (9): 5.86

03.04   05   06   07

www.anchor21.com

　　두 차례의 변화일에 해당되는 지점에서 단기 추세의 반전이 나
타나고 있다.

　양운이나 음운에 상관없이 선행스팬1 위쪽으로 뾰족하고 선행스팬2가
수평구간이면 단기 추세의 반전을 예상할 수 있다.

　강세장의 상승추세 반전이므로, 추세연장이 될 가능성이 많다고 분석할
수 있다.

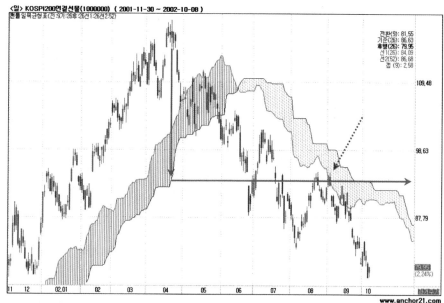

구름대 위에서의 최고점이 2002년 4월의 고점이다.

최고점에 해당되는 날의 선행스팬2의 수치가 향후 장세에서 중요한 변곡점으로 작용하게 된다.

특히, 9월에는 구름대의 하한선에 저항을 받는 모습이 나타나면서 변곡점으로서 상당히 신뢰가 많다 할 수가 있다.

구름대 아래에서의 최저점이 10월의 저점이다.

10월의 최저점에 해당하는 날의 선행스팬2의 수치가 향후 장세에서 중요한 변곡점으로 작용하게 된다.

12월 초에 선행스팬2 수치인 92.30포인트 부근에서 단기 고점을 형성한 것을 알 수 있고, 동시에 12월 2일은 선행스팬2가 수평구간이면서 선행스팬1이 뾰족하였으므로, 단기 추세 반전일이라고 예상할 수 있다.

따라서, 12월 2일에 92.30포인트 부근에서 단기 변곡점이 발생할 가능성이 많다고 미리 예상해 볼 수가 있다.

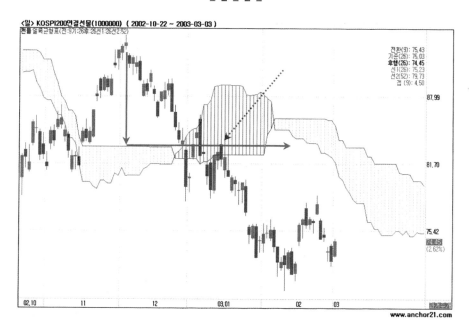

<일> KOSPI200연결선물(1000000) (2002-10-22 ~ 2003-03-03)

캔들 일목균형표(전:9기:26후:26선1:26선2:52)

전환(9): 75.43
기준(26): 75.03
후행(26): 74.45
선1(26): 75.23
선2(52): 79.73
겹 (9): 4.50

87.99

81.70

75.42

74.45
(2.62%)

02.10   11   12   03.01   02   03

www.anchor21.com

12월의 고점이 구름대 위에서의 최고점임을 알 수 있다.

12월의 최고점에 해당하는 날이 선행스팬2의 가격대가 중요한 변곡점이 되고 있다.

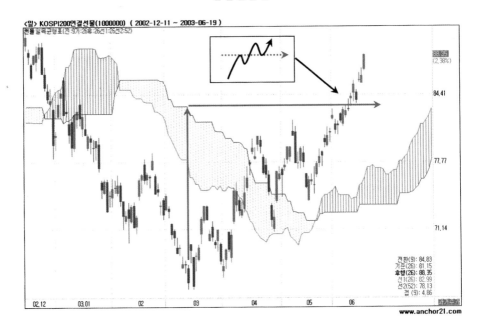

〈일〉 KOSPI200연결선물(1000000) (2002-12-11 ~ 2003-06-19)

www.anchor21.com

　3월의 저점이 구름대 아래에서 최저점임을 알 수 있다.

　3월의 최저점에 해당하는 날의 선행스팬2의 가격을 기준으로 저항과 지지가 반복되면서 추가 상승으로 이어지는 변곡점이 되고 있다.

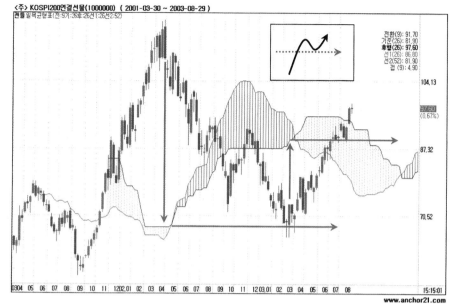

주봉에서도 변곡점을 잘 나타내고 있다.

2002년 4월의 최고점에 해당하는 지점에서의 선행스팬2의 수치
가 최저점으로 작용하고 있다.

마찬가지로 2003년 3월의 최저점에 해당하는 지점에서의 선행스팬2의
수치가 변곡점으로 작용하는 것을 알 수 있다.

이처럼, 일목균형표의 구름대는 실전에서 변곡점을 찾아 내는데 아주
유용하게 사용할 수 있는 지표로 활용할 수 있다.

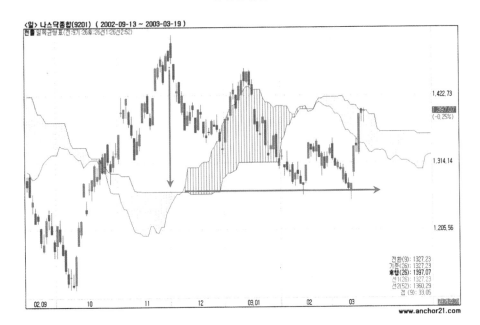

〈일〉 나스닥종합(9201) (2002-09-13 ~ 2003-03-19)
전환 일목균형표(전:9/기:26/후:26/전1:26/선2:52)

1,422.73

1,347.07
(-0.25%)

1,314.14

1,205.56

전환(9): 1327.23
기준(26): 1327.23
후행(26): 1997.07
선1(26): 1327.23
선2(52): 1360.29
겹 (9): 33.05

02.09   10   11   12   03.01   02   03

www.anchor21.com

　　　　나스닥 시장에서도 구름대를 활용한 변곡점 찾기는 아주 유용
하다.
　　11월의 최고점에 해당하는 시점의 선행스팬2의 가격대에서 두 차례 저
점이 형성된 이후, 급반등하는 변곡점이 되고 있다.

<일> 나스닥종합(9201) (2002-12-06 ~ 2003-06-12)

3월의 최저점에 해당하는 시점에서의 선행스팬2의 지수대에서 단기 저항선으로 작용하였으나 구름대의 지지를 받으며 상향돌파하면서 강한 상승세로 이어간다.

〈주〉 나스닥종합(920I) (1999-11-12 ~ 2002-04-19)
일목균형표 (전:9기·26후:26,선1:26,선2:52)

전환(9): 1821,39
기준(26): 1872,59
후행(26): 1796,83
선1(26): 1846,99
선2(52): 1857,56
겹 (9): 10,56

4,237,19

3,252,33

2,267,47

1,796,83
(2,31%)

1,11 12 00,01 02 03 04 05 06 07 08 09 10 11 12 01,01 02 03 04 05 06 07 08 09 10 11 12 02,01 02 03 04

   2000년 3월의 최고점에 해당하는 시점의 선행스팬2의 지수대에 변곡점으로 작용하고 있는 모습이다.

지난 2002년 10월의 최저점에 해당하는 지점의 선행스팬2의 값이 1,857포인트이다.

8월 29일 종가상으로 1,810포인트르 기록하고 있는데, 중요한 변곡점이 얼마 남지 않았음을 알 수 있다.

구름대는 이미 음운에서 양운으로 전환된 상태이며 전환된 시점이 약 11월 중순경이다.

결국, 앞으로 11월 중순 경이 중요한 변곡일이 될 수 있는데 1,857포인트 부근인지 2,000포인트 부근인지는 11월경에 예상할 수는 있을 것이다.

어쨌든 현재 1,857포인트 부근이 중요한 변곡점이 될 것이라고 예상이 가능하다.

제 5 장

일목균형표의 응용

후행스팬이 전환선과 기준선을 상향돌파하면 상승추세의 신호탄이다.

■ ■ ■ ■ ■

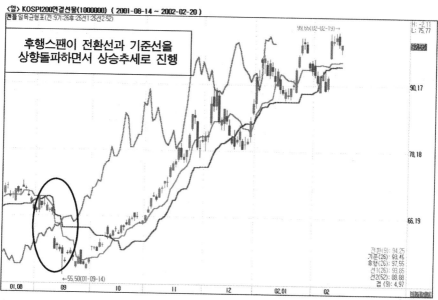

후행스팬이 전환선과 기준선을
상향돌파하면서 상승추세로 진행

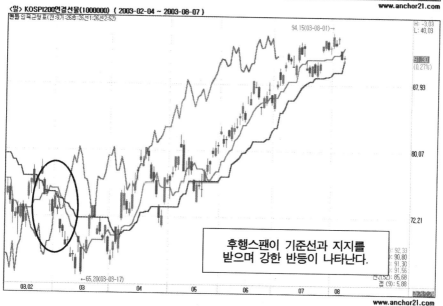

후행스팬이 기준선과 지지를
받으며 강한 반등이 나타난다.

후행스팬이 전환선과 기준선을 하향돌파하면 하락추세의 신호탄이다.

■ ■ ■ ■ ■

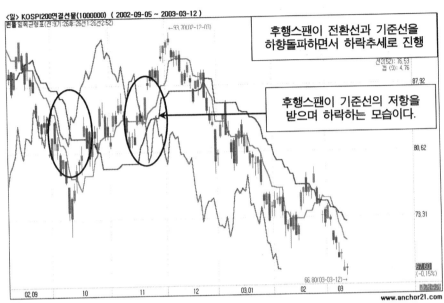

후행스팬이 전환선과 기준선을
하향돌파하면서 하락추세로 진행

후행스팬이 기준선의 저항을
받으며 하락하는 모습이다.

www.anchor21.com

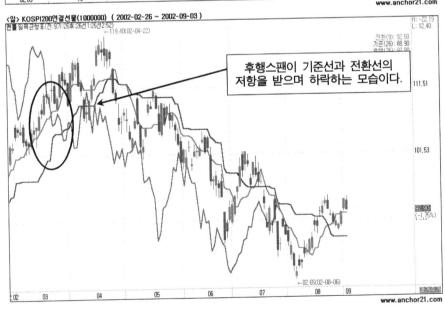

후행스팬이 기준선과 전환선의
저항을 받으며 하락하는 모습이다.

www.anchor21.com

구름대 아래에 있던 전환선이 구름대에 진입한 이후, 구름대를 상향돌파하게 되면 상승추세의 강한 신호다.

■ ■ ■ ■ ■

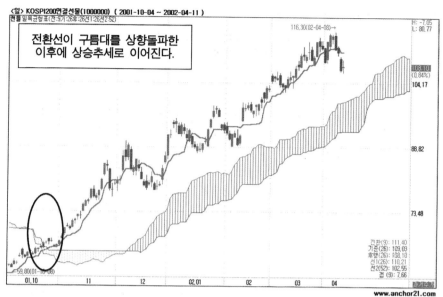

전환선이 구름대를 상향돌파한
이후에 상승추세로 이어진다.

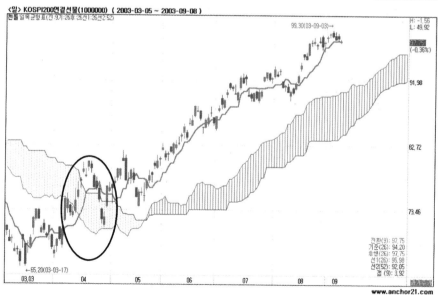

구름대 위에 있던 전환선이 구름대에 진입한 이후, 구름대를 하향돌파
하게 되면 하락추세의 강한 신호다.

■ ■ ■ ■ ■

전환선이 구름대를 하향돌파한
이후에 하락추세로 이어진다.

전환선이 구름대를 진입 이후에 재차
하향돌파하면서 추가하락이 나타난다.

■ ■ ■ ■ ■ ■

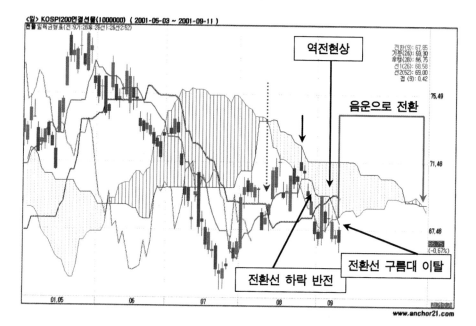

〈일〉KOSPI200연결선물(1000000) (2001-05-03 ~ 2001-09-11)
엔블 일목균형표(전:9기:26표:26선1:26선2:52)

역전현상

음운으로 전환

전환(9): 67.85
기준(26): 69.30
후행(26): 66.75
선1(26): 68.58
선2(52): 69.00
겹(9): 0.42

75.49

71.48

67.48

66.75
(-0.67%)

전환선 구름대 이탈

전환선 하락 반전

01.05   06   07   08   09

www.anchor21.com

9.11 테러 직전의 일목균형표를 보자.

8월에 구름대가 양운에서 음운으로 전환되는 변곡일에서 단기 추세가 상승반전하며 구름대까지 상승하는 모습이 나타난다.

약세장에서의 비교적 얇은 구름대의 상단에서 저항을 받으며, 전환선이 하락반전하면서 단기하락에 대한 경고 신호가 나타나고 있다.

이후부터는 구름대의 하향이탈 여부가 최대 관건이 된다고 할 수 있다.

전환선이 기준선을 하향이탈하는 역전현상*이 발생하면서 중기 하락추세의 예비 신호를 나타내고 있다.

결국, 지수는 구름대를 하향이탈하였고, 전환선마저 구름대를 하향이탈하면서 추가하락에 대한 강한 신호를 암시하고 있다.

그리고, 이미 선행스팬의 구름대가 음운으로 전환된 상태여서 그 신뢰

*역전현상 : 이동평균선의 데드 트로스(Dead Cross)와 같은 의미이며, 중기추세를 파악하는데 활용할 수 있다.

는 더 크다고 할 수 있다.

공교롭게도 9.11테러사건으로 인해 지수는 급락을 하였고, 종합주가지수는 무려 64.97포인트가 하락하였고, KOSPI200선물은 6.65포인트가 하락하였다.

■ ■ ■ ■ ■

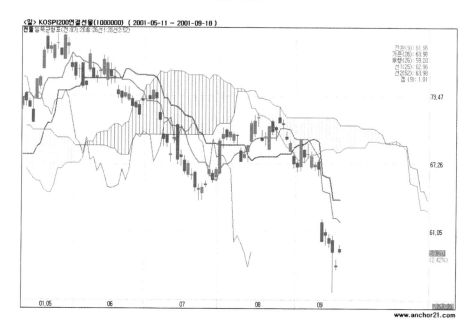

〈일〉 KOSPI200연결선물(1000000) (2001-05-11 ~ 2001-09-18)

전환(9): 61.95
기준(26): 63.98
후행(26): 59.20
선1(26): 62.96
선2(52): 63.98
갭 (9): 1.01

73.47

67.26

61.05

59.20
(2.42%)

01.05   06   07   08   09

www.anchor21.com

9.11테러 사건 이후, 9월 12일의 국내 금융시장을 돌이켜 보자.
일부의 반대에도 불구하고 증권시장은 정상으로 개장하였다.

미국에서 발생한 사상 유례없는 9.11 테러 대참사는 주식시장을 여지없
이 "블랙 데이"로 내몰았다.

9월 12일 개장하자마자 서킷브레이크가 발동되면서 단숨에 500선 밑으
로 추락하여 전날보다 64.97포인트 하락한 475.60으로 마감하였다.

이날 증권거래소의 하락종목은 무려 844개 종목에 달했고, 이중 621개
종목이 하한가로 곤두박칠 쳤다.

선물은 하한가로 곤두박칠 치며 "블랙 데이"의 분위기를 대변했고, 풋옵
션 62.5는 12시 부근에 무려 150배 이상 폭등한 상태였고, 장마감에 500
배 정도 폭등한 풋 옵션도 있었던 것으로 기억된다.

옵션시장에서 콜옵션과 풋옵션을 동시에 매도해 안정적인 수익을 노리
던 증권, 투신사 등 기관들이 하루에만 무려 수백억에서 수천억의 손실

로 초비상사태가 발생하기도 하였다. 국내 증시뿐만 아니라, 싱가포르는 7.42%, 홍콩은 8.9% 급락하였다.(이 날, 외국인은 선물시장에서 12,804 계약 순매수하며 3년만에 최대 순매수를 기록하였는데, 10월에 접어들면서 지수는 급등하였다.)

여기서 우리는 중요한 교훈을 얻을 수 있다.

테러 전부터 왠만한 기술적 지표는 매도신호를 보였고, 일목균형표 상으로도 강한 하락의 신호를 보내고 있었다.

따라서, 매도진입은 하지 못했다 하더라도 최소한 매수를 해서는 안된다는 것이다.

만일, 감에 의해 매수했다던지 혹은 매수 진입 후에 미쳐 손절매를 하지 못했다던지 했다면, 엄청난 손실을 봤을 것이다.

그래서, 객관적인 기술적 지표가 반드시 필요한 것이다.

이 날, 채권수익률은 미국에 대한 최악의 테러가 경기회복지연과 추가적인 금리인하로 연결될 것이라는 전망으로 큰 폭으로 떨어졌고(채권가격 상승), 환율은 전날보다 9.70원 급락으로 마감되었다.

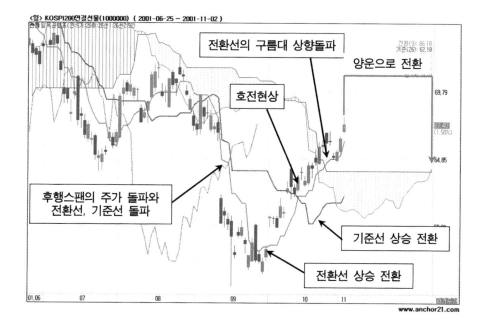

〈일〉 KOSPI200만결선물(1000000) (2001-06-25 ~ 2001-11-02)

전환선의 구름대 상향돌파

양운으로 전환

호전현상

후행스팬의 주가 돌파와
전환선, 기준선 돌파

기준선 상승 전환

전환선 상승 전환

www.anchor21.com

테러사건 이후, 지수는 급등락이 나타났고, 9월 27일에 전환선
이 상승반전하며 단기 상승으로의 전환을 암시해 주었다.

10월 들어 지수는 큰 폭의 갭상승을 하며 전환선의 상승추세가 지속이
되었고, 첫 번째 저항선인 기준선에서 지지를 받으며 추가상승하는데 이
때 기준선이 상승으로 반전되면서 중기추세의 상승반전을 암시하고 있다.

그리고, 전환선이 기준선을 상향돌파하는 호전현상이 이미 발생하였는
데, 이동평균선의 골드 크로스(Gold-Cross)와 같이 중기 상승추세의 신
호로 간주할 수 있다.

지수는 저항대인 구름대까지 상승하게 되는데, 이 때 구름대는 비교적
얇은 구름대이므로 상향돌파하는데 저항의 크기는 석다고 할 수 있다.

또한, 후행스팬이 갭 부분을 지나고 있어 캔들에 대한 저항이 전혀 없었
고, 후행스팬이 전환선과 기준선을 상향돌파하면서 상승추세의 강한 신호
를 보여주고 있었다.

따라서, 구름대 돌파에 대한 기대감이 그 어느 때보다도 크다고 할 수 있다.

결국, 지수와 전환선이 구름대를 상향돌파하게 되고, 선행스팬의 구름대가 음운에서 양운으로 전환되면서 본격적인 상승추세가 진행될 것을 암시하고 있다.

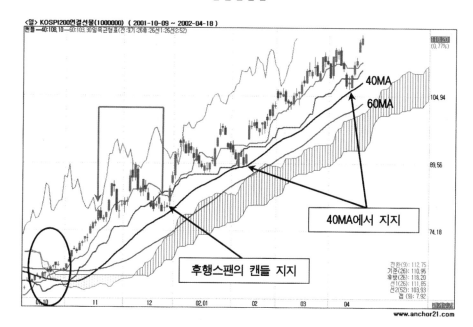

〈일〉 KOSPI200연결선물(1000000) (2001-10-09 ~ 2002-04-18)

40MA

60MA

40MA에서 지지

후행스팬의 캔들 지지

전환(9): 112.75
기준(26): 110.95
후행(): 118.20
선1(26): 111.85
선2(52): 103.93
겹 (9): 7.92

구름대를 상향돌파한 이후, 지수는 본격적으로 상승추세를 이어
간다.

전체적으로 전환선과 기준선의 지지를 받으며 상승추세를 이어가지만,
위 차트에서 전환선과 기준선을 하향이탈하는 사례가 세 차례 발생한다.

추세는 상승추세가 분명하므로 지지선을 찾는 노력을 해야 한다.

12월의 경우, 전환선이 하락반전하며 단기 하락을 예고하고 있지만, 후
행스팬이 캔들에 지지를 받고 강한 상승을 한다.

2월과 4월의 두 경우는, 40MA에서 지지가 되는 경우이다.(일봉상 40MA
와 60MA는 변곡점으로서 지지선과 저항선으로 작용한다.)

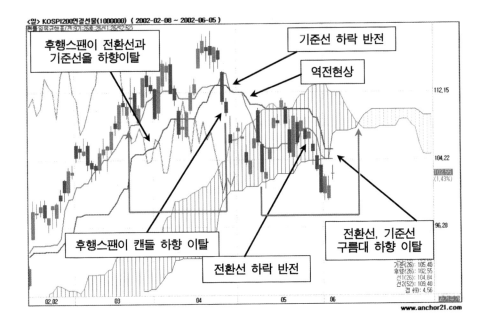

　　상승추세를 이어가던 지수는 4월에 후행스팬이 캔들을 하향이탈
하고, 전환선이 기준선을 하향이탈하는 역전현상이 발생하면서 약
세장을 예고하고 있다.

　　구름대 내부에 진입한 지수는 단기적으로 구름대를 벗어나기 위한 방
향을 모색하면서 구름대의 상한선과 하한선 사이를 등락하는 장세가 연
출된다.

　　또한, 후행스팬이 전환선과 기준선을 하향이탈하였고, 구름대 내부에
진입한 시점에 이미 선행스팬의 구름대가 음운으로 전환된 상태여서 중기
하락추세로의 전환이 임박했음을 예고하고 있다.(음운으로 전환된 시점이
6월 18일로서 향후 단기 추세의 반전일이라고 예상할 수 있다.)

　　결국, 지수는 구름대를 하향돌파하고 전환선과 기준선마저 구름대 아래
로 벗어나면서 추가하락에 대한 강한 신호를 보내고 있다.

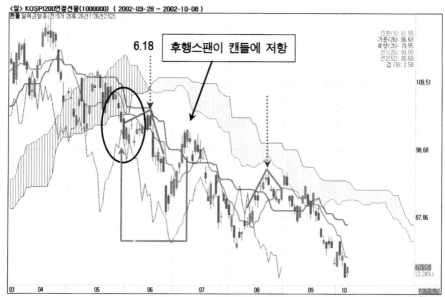

  지수는 단기 추세 변화일인 6월 18일에 하락반전되며 하락추세
로 이어지는 모습이다.

7월에 지수가 단기 급등하면서 호전현상이 발생하였는데, 후행스팬이
캔들의 저항을 받으며 재차 역전현상으로 전환된다.

8월에도 단기 급등하며 호전현상이 발생하였지만, 구름대에 저항을 받
으며 재차 역전현상이 발생하며 추가 하락하는 모습이다.

이처럼, 단기 급등 시 하락추세에도 호전현상이 발생할 수 있으므로 단
순히 호전현상만으로 상승추세로의 전환을 예측해서는 곤란하다.

〈일〉 KOSPI200연결선물(1000000) (2002-04-03 ~ 2002-10-14)
현물 일목균형표(전3기:26売:26선1:26선2:52)-40:87.00-60:87.61

호전현상이 발생한 지점

전환(9): 77.60
기준(26): 82.18
후행(26): 76.60
선1(26): 79.99
선2(52): 83.30
갭 (9): 3.31

107.86

95.29

82.70

<26.60>
(4.36%)

02.04   05   06   07   08   09   10

www.anchor21.com

일목균형표의 구름대와 이동평균선 40MA와 60MA의 합성 차
트이다.

하락추세에서의 급등 시 저항선을 명확히 알 수 있게 해 준다.

지난 5월의 구름대 상단과 40MA가 일치하는 것을 알 수 있다.

하락추세에서 일목균형표의 호전현상이 발생한 두 지점이 정확히
40MA와 60MA에 해당한다.

9월에도 구름대와 이동평균선이 일치되면서 중요한 저항선이 되었고,
이후 급락하는 모습이다.

이처럼 일목균형표와 더불어 이동평균선과 같은 보조지표를 혼용하는
것이 좋다.

이동평균선 외에 TRIX, OBV, Stochastic 등을 보조지표로 활용할 수
있다.

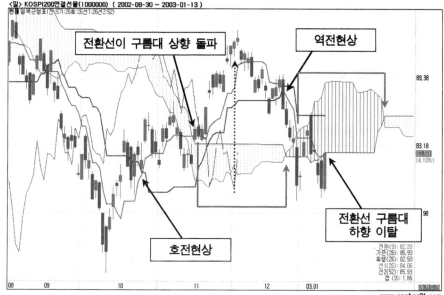

〈일〉KOSPI200연결선물(1000000) (2002-08-30 ~ 2003-01-13)

전환선이 구름대 상향 돌파

역전현상

호전현상

전환선 구름대 하향 이탈

89.38

83.18 (4.10%)

98

전환(9): 82.20
기준(26): 85.93
후행(26): 82.50
선1(26): 84.06
선2(52): 85.93
겹 (9): 1.86

www.anchor21.com

급락을 이어가던 지수가 10월 들어 전환선과 기준선의 상승 반전 이후, 호전현상 발생, 그리고, 비교적 얇은 구름대를 전환선이 상향 돌파하면서 추가 상승에 대한 강한 신호를 보내고 있다.(이 때, 선행 스팬의 구름대는 이미 양운으로 전환된 상태였다.)

이후 급등을 보인 지수는 단기 추세 반전일 부근에서 고점을 형성하고, 전환선이 하락반전, 그리고 역전현상이 발생하면서 하락에 대한 경계신호를 보낸다.

이후, 구름대를 기준으로 급등락이 연출되면서 기준선 하락전환, 선행 스팬의 구름대가 음운으로 전환되면서 상승추세를 마감하고 중기 하락으로의 전환을 예고한다.

1월 13일, 지수가 구름대를 하향이탈하고 전환선마저 구름대를 하향이탈하면서 추가 하락의 강한 신호를 보내고 있다.

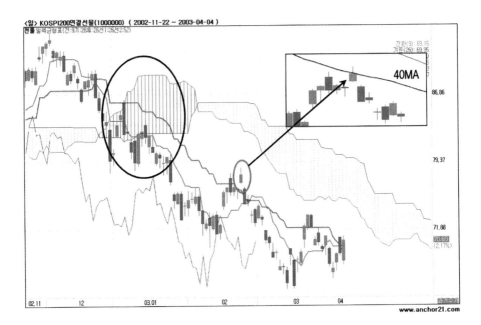

〈일〉 KOSPI200연결선물(1000000) (2002-11-22 ～ 2003-04-04)

www.anchor21.com

　　　구름대를 하향이탈한 지수는 별다른 반등없이 힘없는 모습으로 흘러 내린다.

　　2월에 전환선이 상승반전하면서 단기 급등이 나타나며 호전현상이 일시적으로 발생하기도 하는데, 이 때의 고점이 정확히 이동평균선 40MA에 해당한다.

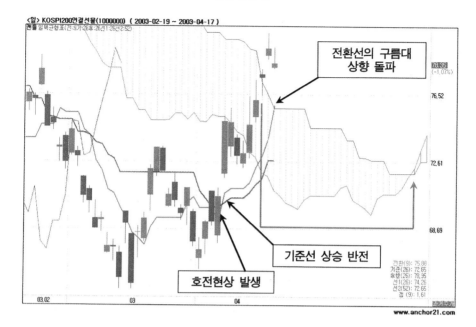

지난 3월 약세장에서 전환선이 먼저 상승반전한다.(전환선은 수시로 추세가 반전할 수 있으므로, 추세가 중기추세로 이어질 것인지에 대해서는 의심을 가져야 한다.)

호전현상 발생과 기준선이 상승반전되면서 중기추세의 상승전환을 예고한다.

후행스팬이 캔들을 상향돌파, 지수의 구름대 상향돌파 그리고, 선행스팬의 구름대가 양운으로 전환되면서 전체적으로 강세장으로의 전환이 임박했음을 예고하고 있으며, 전환선이 구름대를 상향돌파하면서 이제 본격적으로 상승추세로 전환될 가능성이 많다고 예상할 수 있다.

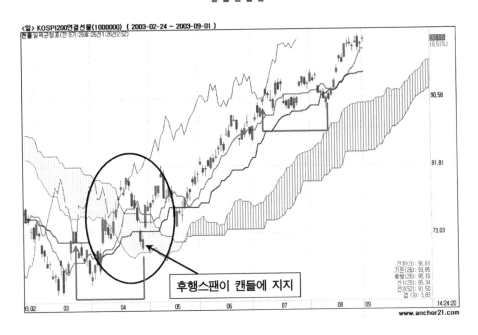

<일> KOSPI200연결선물(1000000) (2003-02-24 ~ 2003-09-01)

후행스팬이 캔들에 지지

www.anchor21.com

　　본격적인 강세장의 시작으로 예상을 하였으나, 구름대 하한선까
지 급락이 연출되었다.(이처럼 시장은 단기적으로 예측하기가 정
말 힘들다.)

　　일단 구름대 내부에 진입하게 되면 상승추세에 대한 마인드는 접고, 구
름대의 돌파방향에 주목해야 한다.

　　지수는 구름대 하한선에서 양봉이 출현하였고, 이 때 후행스팬이 캔들
에 지지를 받는 시점이었으므로, 구름대의 하향돌파보다는 상향돌파에 더
가능성이 많다고 할 수 있다.

　　결국, 장대 양봉을 출현시키며 구름대를 강하게 돌파하면서 재차 강세
장으로 전환된다.

　　최근 8월에도 후행스팬이 캔들의 지지를 받는 모습이 나타난다.

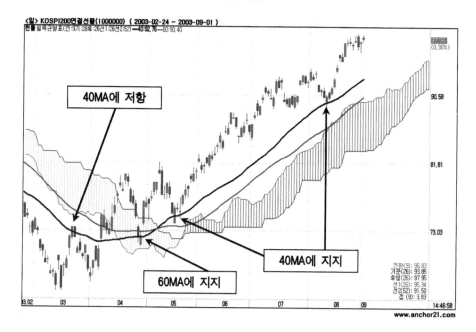

〈일〉KOSPI200연결선물(1000000) (2003-02-24 ~ 2003-09-01)

40MA에 저항

40MA에 지지

60MA에 지지

www.anchor21.com

40MA와 60MA부근에서 단기 변곡점이 되는 것을 알 수 있다.

지수가 강세장일 때, 즉 지수가 구름대 위에 있을 때에는 40MA와 60MA는 중요한 지지선이 된다.

반대로 지수가 약세장일 때, 즉 지수가 구름대 아래에 있을 때에는 40MA와 60MA가 중요한 저항선이 된다.

그리고, 지수가 구름대 내부에 진입해 있는 상태에서, 지수가 40~60MA이상(이하)이라면 구름대를 상향(하향)돌파할 가능성에 더 비중을 둘 필요가 있다.

이와 같이 일목균형표와 보조지표를 혼합하여 분석하는 것이 바람직하다.

9월 현재의 장세는 계속해서 상승추세가 이어지고 있으며, 아직까지 하락에 대한 경계 신호는 나오지 않고 있다고 할 수 있다.

이동평균선 40MA와 60MA, 그리고 전환선과 기준선을 복합적으로 적용하여 보면 현재의 추세를 명확히 알 수 있다.

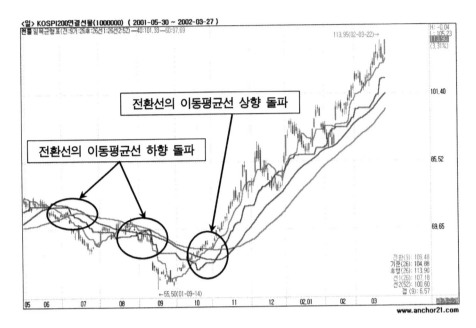

〈일〉 KOSPI200연결선물(1000000) (2001-05-30 ~ 2002-03-27)

전환선의 이동평균선 상향 돌파

전환선의 이동평균선 하향 돌파

전환(9): 109.48
기준(26): 104.86
후행(26): 113.90
선1(26): 107.18
선2(52): 100.60
갭 (9): 6.57

www.anchor21.com

　　　전환선과 기준선이 이동평균선 위에 있으면 상승추세, 아래에 있으면 하락추세이다.

　하락추세에서 전환선이 이동평균선 상향(하향)돌파하는 시점이 상승(하락)추세의 시작을 알리는 신호라고 볼 수 있다.

　이같이, 구름대 대신에 이동평균선을 활용하면 좀 더 빠르고 명확하게 추세를 알 수 있다.

　40~60MA보다 아래에 있던 전환선이 40MA~60MA에 진입하여 상향 돌파하지 못하고 재차 하향돌파하게 되면 단기 급락이 나타나며, 반대인 경우에는 단기 급등이 나타날 수 있다.

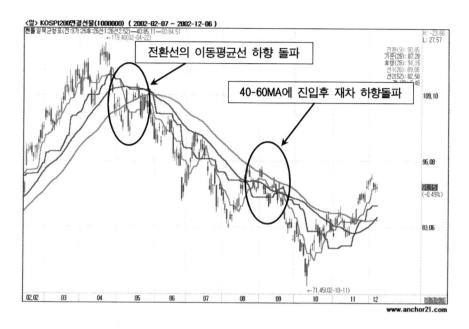

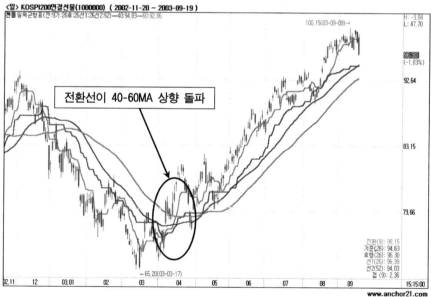

지금까지 최근 연결선물의 일봉차트를 중점으로 일목균형표의 분석법에 대하여 알아 보았다.

일목균형표의 이론적인 내용보다도 실진에서 활용할 수 있도록 실제 사례를 통해 핵심적인 내용 위주로 서술하였다.

필자가 판단하기에 다소 주관적이거나, 실전에 적용하기에 애매하다고 생각되는 내용은 과감히 삭제하였다.

일목균형표의 원서 7권을 전부 보지 않더라도, 지금까지 서술한 내용만으로도 시장을 분석하는데 많은 도움이 될 것이라고 판단한다.

마지막으로 대등수치에 대해 소개하고자 한다.

간단히 말해서, 의미있는 지점 즉 고점이나 저점으로부터 특정일에 해당하는 시점에서 어떤 변화가 나타난다는 의미로 이해할 수 있다.

그 변화라는 것은, 추세의 반전이 될 수도 있고, 추세의 연장이 될 수도 있다.

대등수치에 해당되는 기본값은 다음과 같다.

9, 17, 26, 33, 42, 65, 76, 129, 172, 200~257

(일목균형표에서는 26을 아주 중요한 수치라고 간주하고 있다. 기준선은 26일간의 최고가와 최저값의 중간값이며, 후행스팬과 선행스팬은 각각 26일의 앞뒤에 그리고 있기 때문이다.)

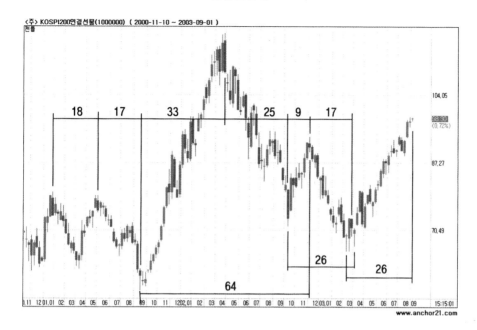

　　　　주봉상 정확한 기본수치에 적용하기 힘들지만, 비교적 변화일이 잘 표현되고 있다.

　　현재 시점이 지난 2월의 최저점으로부터 26주에 해당한다.

　　따라서, 현재 9월 초순경에 어떤 변화를 기대할 수 있다.

　　이같은 변화가 예상되는 시점에서 일봉차트상 하락경계신호가 발생하면 하락에 대비하는 것이 바람직하다.

　　현재는 일봉상 하락에 대한 경계신호가 발생하지 않고 있으므로, 좀 더 두고 볼 필요가 있다.

　　　　　일봉상 고점에서 저점의 기간이 기본수치 76에 1이 모자란 75일

이였으며, 기본수치 26일에도 비교적 단기 추세가 반전되는 변화

일로 나타나고 있다.

제 5 부

데이트레이딩

데이트레이딩(Day Trading)에 대한 기법은 시중에 여러 가지가 소개가 되어 있지만, 어떤 특정한 기법이 좋다 나쁘다고 할 소지가 못된다.

그 때의 상황에 따라 어떤 기법이 잘 맞을 수도 있고, 틀릴 수도 있기 때문이다.

그래서, 특정한 한 가지의 기법을 이용하기 보다는 2~3가지의 기법으로 나누어 배팅하는 것이 바람직하며, 진입 역시 2~3회 분할로 진입하는 것이 바람직하다.

예를 들어, A, B, C의 3가지 기법으로 각각 30%씩 나누어 배팅하는 것이 바람직한 투자자세라고 할 수 있다.

데이트레이딩을 위해서 주로 단기 분차트를 많이 이용하는데, 이 역시 한 가지 차트만 이용하는 것보다 2~3가지 차트를 동시에 보는 것이 바람직하다.

필자의 경우, 3분, 30분, 일봉을 주로 이용하는 편이다.

일봉과 30분 차트로 지지선과 저항선을 찾고 3분차트를 이용하여 진입한다.

듀얼(Dual) 모니터를 이용하여 한 화면에는 차트를, 다른 화면에는 주문창을 띄워 보는 것이 편리하다.

일부 개인투자자들을 보면, 데이트레이딩을 하면서 아무런 기준없이 매수와 매도를 수시로 번갈아 가면서 배팅하는 것을 자주 볼 수 있다.

잔파동에서 모두 이익을 내려는 것은 욕심이며 정말 힘든 작업이다.

지지선과 저항선이 얼마인지, 지금이 강세장인지 약세장인지를 충분히 고려해서 진입기회가 올 때까지 기다리는 자세가 필요하다.

필자의 경우, 아침에 출근을 하면 먼저 미국 시장의 결과를 확인하고, 30분차트와 일봉 차트, 그리고 주봉차트를 이용하여 지지선 및 저항선을 찾는 작업을 한다.

그리고, 나름대로 당일의 시나리오를 몇 가지 그려본다.

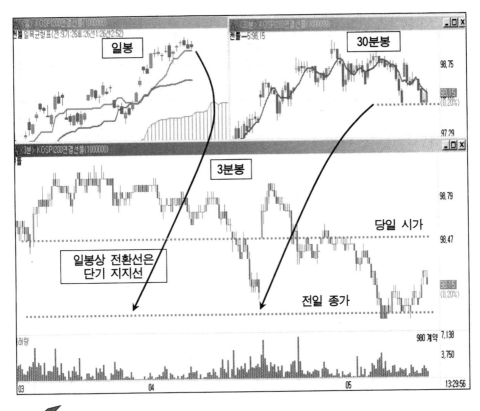

위와 같이 한 화면에 일봉, 30분봉, 3분봉을 동시에 보면 편리하다.

차트에 주요 변곡점에 미리 선을 그어 놓으면 매매하는데 도움이 된다.

제 1 장

호가잔량오실레이터의 활용

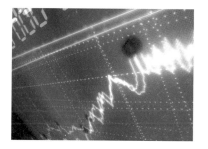

호가잔량지표는 매수총잔량과 매도총잔량을 분석함으로써 시장의 강도를 파악하기 위한 지표이다.

매수총잔량이 매도총잔량보다 많다는 것은 매수세력이 강하다는 것을 의미하므로 강세장이라 볼 수 있고, 반대이면 약세장이라 볼 수 있다.

호가잔량지표는 단독으로 사용하기 보다는 다른 지표의 확인지표로 사용하는 것이 바람직하다.

▶<3분>KOSPI200 연결선물

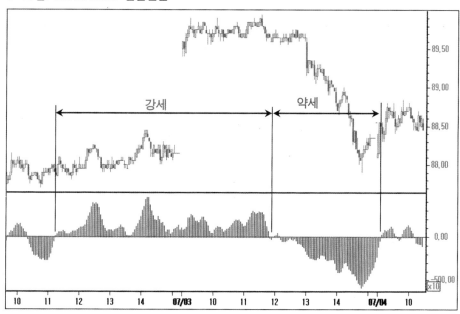

차트의 하단이 호가잔량 오실레이터를 5이평한 지표이다.

오실레이터가 0 이상이면 강세장이며, 0 이하이면 약세장이라고 할 수 있다.

▶ <3분> KOSPI200 연결선물

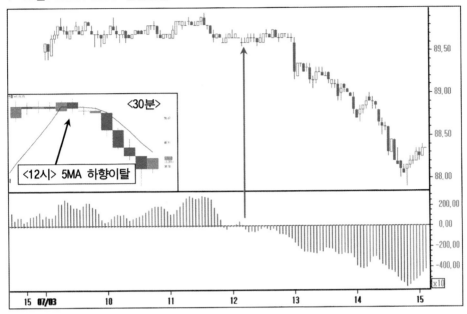

 　　　30분 차트에서 지수가 5MA이상이면 강세, 이하이면 약세장인
경우가 많다.

　　30분 차트 지수 〉 5MA이고, 호가오실레이터 〉 0 이면, 매수조건이고,
지수 〈 5MA이고, 호가오실레이터 〈 0 이면, 매도조건이다.

　　12시 캔들에 30분 차트상 지수가 5MA를 하향이탈하였으므로, 단기 약
세장이라고 할 수 있다.

　　따라서, 12시 이후부터 3분 차트의 오실레이터 0 이하로 하락하면 매도
진입 조건이 된다.

　　12시 이후 매도조건이 완성되었고, 장마감까지 매도신호는 유지되었다.

▶〈3분〉KOSPI200 연결선물

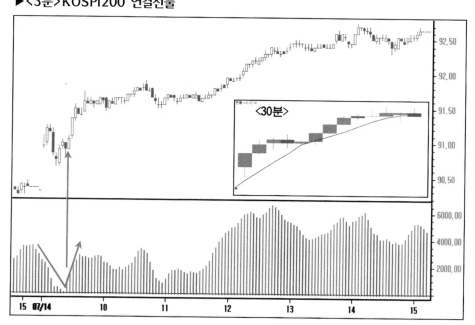

　　　　시가에 갭상승하며 30분 차트상으로 지수가 5MA 이상에서 시작하였으므로 강세로 출발하였다고 할 수 있다.

　　3분 차트에서 오실레이터도 0 이상에서 상승하여 강세를 보였다.

　　그러나, 3분 차트의 오실레이터가 지수의 갭상승 이후에 하락으로 반전하고 있는 상태였으므로 0 이하로 하락할 수도 있기 때문에, 오실레이터가 0 이상에서 상승반전 시 매수진입조건이 된다.

　　장초반 매수진입 이후, 종가까지 매수신호가 유지된다.

▶〈3분〉KOSPI200 연결선물

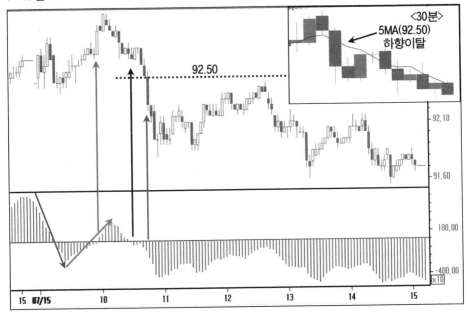

30분 차트상 지수가 5MA 이상에서 시작되었으므로 강세장이라고 할 수 있다.

그러나, 3분 차트의 오실레이터는 하락으로 반전하면서 0 이하가 되었으므로 매수진입은 보류하고 오실레이터가 0 이상이 되는 시점인 10시 부근에 매수진입 조건이 된다.

매수진입 이후에 오실레이터가 0 이하가 되면서 청산조건이 되지만, 30분 차트상 지수는 5MA 이상이므로 매도진입은 보류한다.

3분 차트상 92.50이하(30분 차트의 5MA)에서 매도진입 조건이 되며 장마감까지 매도신호는 유지된다.

▶<3분>KOSPI200 연결선물

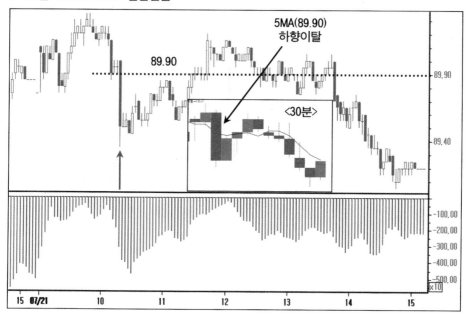

장초반 지수는 30분 차트의 5MA 이상에서 거래되면서 강세로 출발하였다.

그러나, 3분 차트의 오실레이터는 0 이하의 약세를 보이고 있었으므로 진입은 보류한다.

이후, 지수가 순간적으로 급락하면서 30분의 5MA를 하향이탈하였고, 3분 차트의 오실레이터는 계속 0 이하였으므로 매도로 진입할 수 있다.

지수는 30분의 5MA를 다시 회복하였으나, 3분의 오실레이터는 계속해서 0 이하이므로 매도는 그대로 유지할 수 있다.

▶ <3분>KOSPI200 연결선물

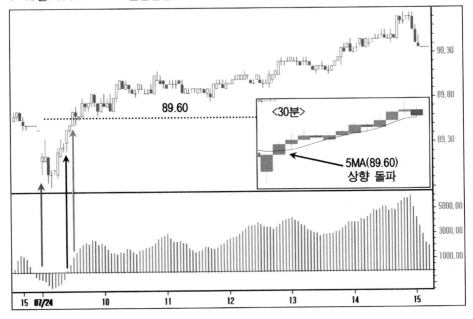

30분 차트의 5MA 이하로 지수가 시작되면서 약세로 출발하였고, 이때 3분 차트의 오실레이터가 0 이하였으므로 매도로 진입할 수 있다.

그러나, 3분 차트의 오실레이터는 0 이상으로 전환되었으므로 바로 청산을 해야 한다.

이후, 30분 차트상 5MA(89.60)를 상향돌파하는 시점에 3분의 오실레이터는 0 이상의 강세를 유지하고 있었으므로 매수로 진입할 수 있다.

매수진입 이후에 오실레이터 0 이하로 하락하지 않았으므로 종가까지 보유한다.

▶<3분>KOSPI200 연결선물

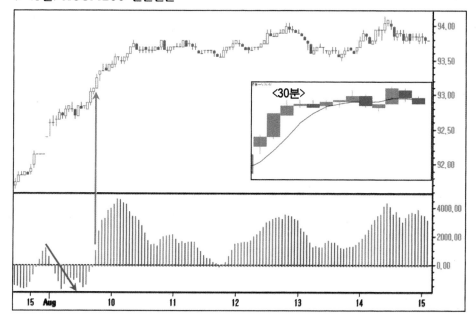

　30분 차트상 5MA 위에서 시가가 형성되어 강세라고 할 수 있다.

　3분 차트의 오실레이터는 0 이상으로 출발하였으나 하락반전하고 있으므로 진입은 보류해야 하며, 상승반전할 때 매수진입을 해야 한다.

　3분의 오실레이터가 0 이하로 하락한 다음, 0 이상으로 회복하였고, 30분 차트상 5MA 이상을 유지하고 있으므로 매수진입 조건이 된다.

　이후, 30분 차트에서 지수는 5MA를 하향이탈하기도 하였지만, 3분의 오실레이터는 0 이상을 유지하였으므로 종가까지 매수를 유지할 수 있다.

►〈3분〉KOSPI200 연결선물

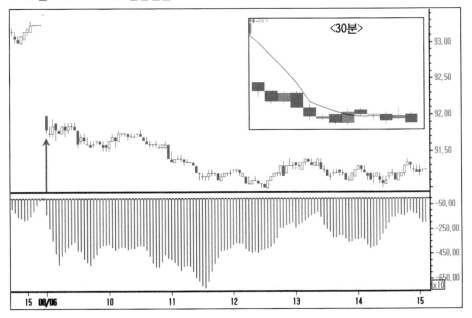

　　30분 차트의 5MA를 하향이탈하면서 시작하였고, 3분의 오실레이터도 0 이하에서 하락하고 있기 때문에 매도진입 조건이 된다.

　　장 마감까지 오실레이터는 0 이하를 유지하였으므로, 매도신호는 종가까지 유지된다.

▶<3분>KOSPI200 연결선물

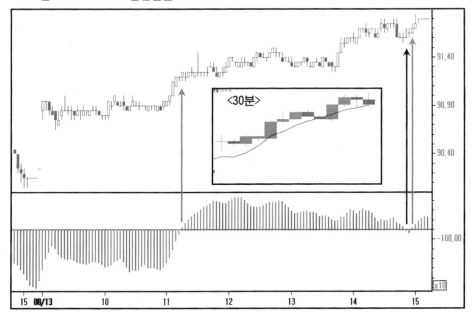

　　30분 차트의 5MA를 상향돌파하면서 강세로 출발하였으나, 3분의 오실레이터는 0 이하의 약세를 보이고 있었으므로 진입은 보류한다.

　　11시 이후, 오실레이터가 0 이상으로 상승하였고, 지수도 30분 차트의 5MA 이상으로 유지되고 있었으므로 매수진입 조건이 된다.

　　15시 직전에 오실레이터가 0 이하로 하락하여 청산을 하고, 0 이상으로 회복 시에 재차 매수진입 조건이 된다.

▶<3분>KOSPI200 연결선물

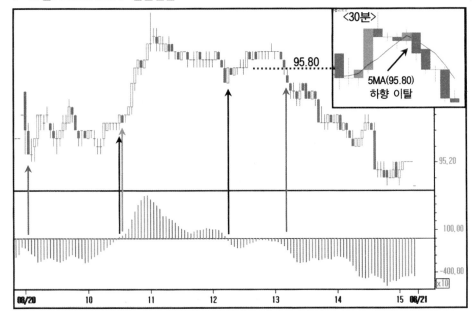

30분 차트의 5MA 이상에서 시가가 형성되었지만, 30분 차트상 5MA 이하로 하락하였고, 당시 3분 차트의 오실레이터가 0 이하이므로 매도진입 조건이 된다.

10시 30분경 오실레이터가 0 이상으로 상승하여 청산과 동시에 지수가 30분 차트의 5MA이상이므로 매수진입 조건이 된다.

이후, 오실레이터가 0 이하로 하락하면서 청산조건이 되었고, 13시 이후에 지수가 30분 차트의 5MA 이하이므로 매도조건이 완성된 이후 종가까지 유지된다.

이같이 30분 차트상 지수가 5MA를 상향돌파 중이거나, 상향돌파가 완성되었을 때 오실레이터가 0 이상이면 매수진입조건이 되고, 반대로 지수가 5MA를 하향돌파 중이거나 하향돌파가 완성되었을 때 오실레이터가 0 이하이면 매도진입조건이 된다.

청산조건은 오실레이터의 0 돌파를 기준으로 한다.

지수가 5MA 이상이라 하더라도 오실레이터가 0 이하이거나, 0 이상에서 하락반전하고 있으면 진입은 보류해야 한다.

마찬가지로, 지수가 5MA 이하라도 오실레이터가 0 이상이거나, 0 이하에서 상승반전하고 있으면 진입은 보류해야 한다.

▶<3분>KOSPI200 연결선물

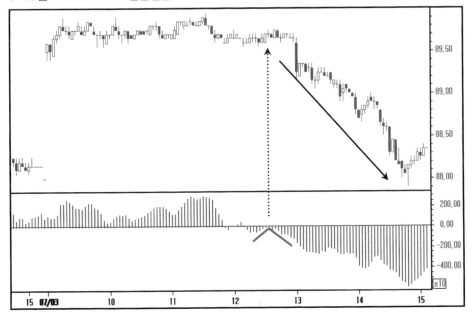

오실레이터를 이용하여 장중 변곡점을 찾을 수 있다.

0 이하이던 오실레이터가 0 부근에서 상향돌파를 실패하고 다시 하락반전하게 되는 Failure Swing 이 발생하면, 추가 하락하는 경우가 자주 발생한다.

12시 30분경, 오실레이터가 0 이하에서 상향돌파를 시도하였으나, 0선의 저항을 받고 다시 하락반전하는 Failure Swing 이 발생한 이후에 단기 급락하는 모습이다.

▶ <3분>KOSPI200 연결선물

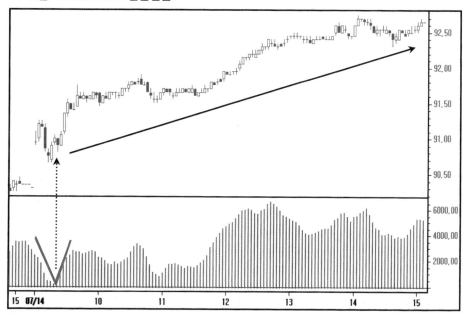

　　　장 초반 0 이상이던 오실레이터가 하락반전하지만, 0선에서 지
　　　지를 받으며 상승반전하는 Failure Swing이 발생하였고, 상승추
세로 이어지는 단기 변곡점이 되고 있다.

　　장 초반 매수신호는 장마감까지 유지된다.

▶〈3분〉KOSPI200 연결선물

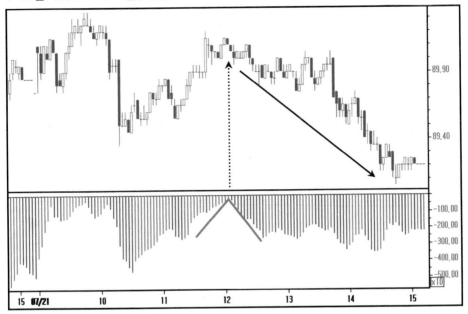

        12시경, 0을 상향돌파 실패하는 Failure Swing이 발생한 시점
을 기준으로 하락하는 모습이다.

오실레이터는 장마감까지 약세로 유지된다.

▶<3분>KOSPI200 연결선물

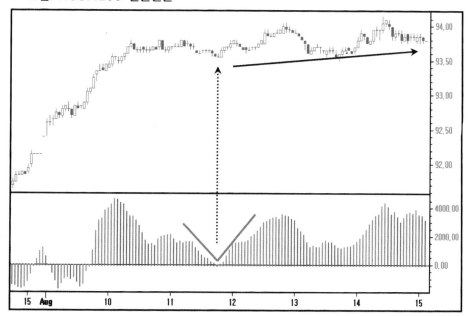

　　　오실레이터의 0선 하향돌파를 실패하는 Failure Swing 이 발생
한 시점에서 단기 반등을 보이고 있다.

오실레이터는 장마감까지 강세로 유지된다.

제 2 장

시가, 고가, 저가, 종가의 활용

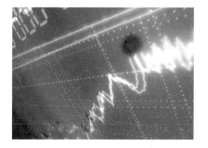

전일의 고가, 저가, 종가와 금일의 시가, 저가, 고가는 단기적으로 중요한 변곡점이 되는 경우가 많다.

■ ■ ■ ■ ■

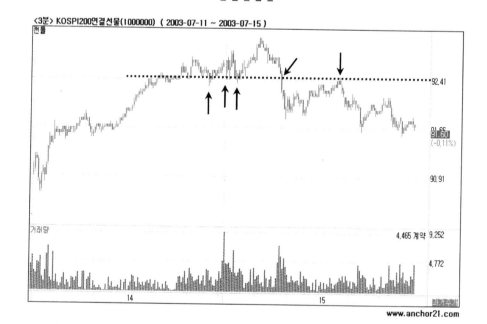

〈3분〉 KOSPI200연결선물(1000000) (2003-07-11 ~ 2003-07-15)

www.anchor21.com

전일의 종가부근인 92.40포인트에서 지지를 받으며 단기 반등을 보여주었으나, 92.40포인트를 강하게 하향이탈하여 92.40포인트가 저항선으로 전환되었다.

반등 시 92.40포인트에서 저항을 받고 추가 하락하는 모습이다.

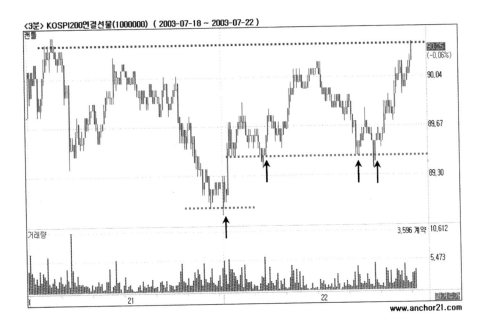

〈3분〉 KOSPI200연결선물(1000000) (2003-07-18 ~ 2003-07-22)

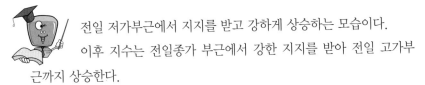

전일 저가부근에서 지지를 받고 강하게 상승하는 모습이다.

이후 지수는 전일종가 부근에서 강한 지지를 받아 전일 고가부근까지 상승한다.

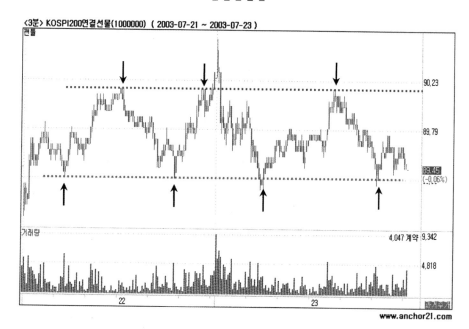

<3분> KOSPI200연결선물(1000000) (2003-07-21 ~ 2003-07-23)

www.anchor21.com

전일의 지지선과 저항선은 당일에도 영향을 미친다.

전일에 반등을 주었던 89.40포인트 지점에서 당일에도 반등을 보이고 있다. 마찬가지로, 전일 단기 하락을 주었던 90.10포인트 지점에서 당일에도 저항을 받는 모습이다.

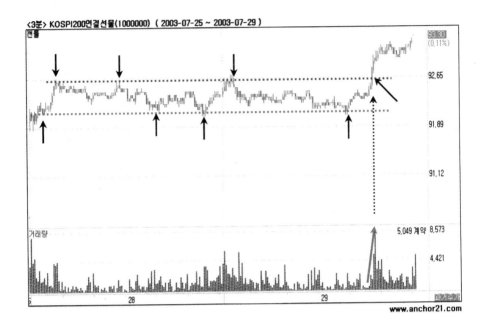

<3분> KOSPI200연결선물(1000000) (2003-07-25 ~ 2003-07-29)

전일의 단기 지지선과 저항선이 당일에도 그대로 영향을 미치는 모습이다. 오후들어 거래량을 대거 수반하며 저항선을 강하게 돌파하는 모습이다. 이렇게 거래량을 수반하면서 장대 양봉을 발생시키면 저항선을 돌파한 가능성이 많다.

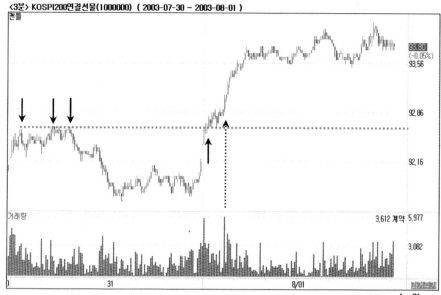

〈3분〉 KOSPI200연결선물(1000000) (2003-07-30 ~ 2003-08-01)

www.anchor21.com

　　　전일 고가부근에서 시가를 형성한 이후 등락을 거듭하다가 전일의 저항선을 돌파한 모습이다.

　　전일의 고가부근에서 지지를 받은 후, 거래량이 수반되면서 급등의 모습이다.

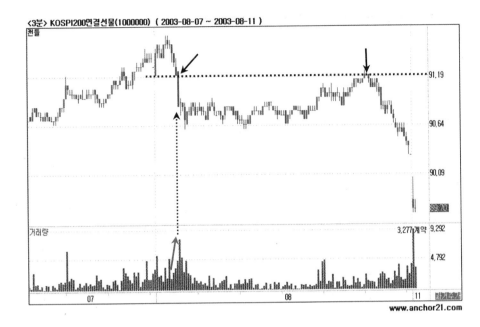

<3분> KOSPI200연결선물(1000000) (2003-08-07 ~ 2003-08-11)

www.anchor21.com

 당일의 시가는 중요한 지지선과 저항선으로 작용한다.

8월 8일은 시가를 강하게 하향이탈한 후, 오후장에 시가가 저항
선으로 강하게 작용하는 모습이다.

〈3분〉 KOSPI200연결선물(1000000) (2003-08-11 ~ 2003-08-12)

www.anchor21.com

 오전장의 고가는 오후장에 단기 변곡점으로 작용할 수 있다.

오전장의 고가 부근에서 저항을 받으며 단기 급락하는 모습이다.

■ ■ ■ ■ ■

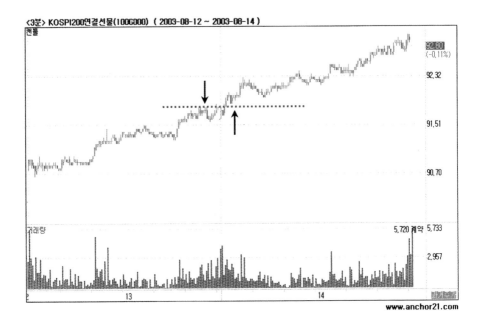

<3분> KOSPI200연결선물(100G000) (2003-08-12 ~ 2003-08-14)

www.anchor21.com

 　　장 초반 전일의 고가가 저항선으로 작용하였는데, 전고점을 상
향돌파한 이후 꾸준한 상승세를 이어가는 모습이다.

■ ■ ■ ■ ■

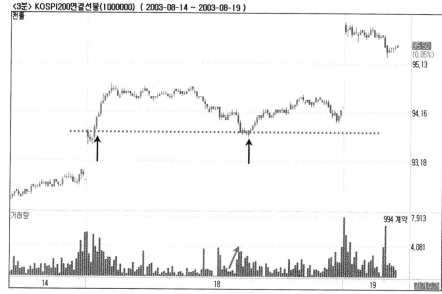

〈3분〉 KOSPI200연결선물(1000000) (2003-08-14 ~ 2003-08-19)

www.anchor21.com

당일의 시가는 중요한 변곡점으로 작용한다.

시가 이상에서 거래되던 지수가 시가 부근까지 하락하자 거래량
이 증가하며 지지가 되는 모습이다.

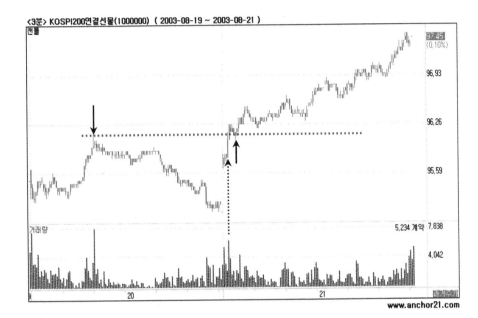

〈3분〉 KOSPI200연결선물(1000000) (2003-08-19 ~ 2003-08-21)

www.anchor21.com

전일의 고가가 변곡점으로 작용하는 경우이다.

저항선인 전일의 고가를 거래량이 수반되며 강한 양봉으로 돌파하는 모습이다.

이후 지수는 꾸준한 상승세로 이어간다.

<3분> KOSPI200연결선물(1000000) (2003-08-25 ~ 2003-08-27)

www.anchor21.com

　　　장 초반 전일 고가부근에서 집중적으로 거래가 되며 지지가 되
　는 모습이다.
　　오전장의 고가부근에서 오후장의 고가가 형성된 후 단기 하락한다.

변곡점 부근에서 스토케스틱 등과 같은 보조지표를 이용하여 진입여부
를 판단할 수도 있다.

■ ■ ■ ■ ■

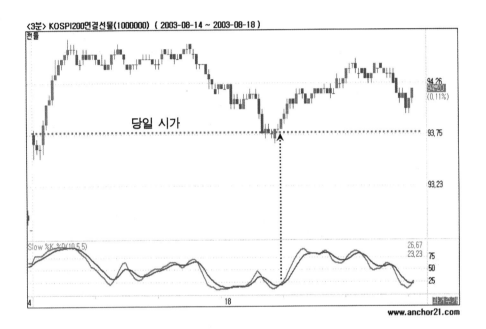

<3분> KOSPI200연결선물(1000000) (2003-08-14 ~ 2003-08-18)

당일 시가

www.anchor21.com

지지선인 당일 시가부근에서 스토케스틱의 매수신호를 이용하
여 지지여부를 확인할 수 있다.

투자성향에 따라 다양한 보조지표를 이용할 수 있다.

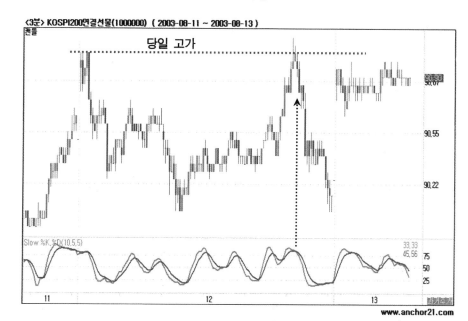

〈3분〉 KOSPI200연결선물(1000000) (2003-08-11 ~ 2003-08-13)

당일 고가

www.anchor21.com

오전장의 당일 고가 부근에서 오후장에 저항을 받는 모습이다.
스토케스틱을 이용하여 저항여부를 확인하여 매도 진입할 수
있다.

제 3 장

피봇의 활용

피봇(Pivot)이란, 선물거래와 같이 일일매매가 빈번한 거래에서 자주 사용되는 단기적인 가격흐름의 중심, 저항, 지지에 대한 지표이다.

피봇의 계산방법은 여러 가지가 있으나, 주로 다음의 공식이 많이 사용된다.

> 2차 저항 : P+고가−저가
>
> 1차 저항 : (2×P)−저가
>
> 피봇(P) : (고가+저가+종가) / 3
>
> 1차 지지 : (2×P)−고가
>
> 2차 지지 : P−고가+종가

피봇은 당일의 가격변동이 클수록 다음날 피봇의 지지와 저항수준이 넓어지게 되고, 당일 가격변동이 작을수록 다음날 예상되는 지지선과 저항선의 폭이 좁아지는 특성이 있다.

피봇포인트가 가장 훌륭한 지지와 저항선이 되며, 1차와 2차의 지지 및 저항선도 각각 지지선과 저항선으로 작용하게 된다.

피봇포인트는 하루의 평균적인 가격흐름이기 때문에 단기추세의 중심 가격으로 이해하면 된다.

따라서, 지수가 피봇포인트 이상에서 거래되고 있다면 강세장, 피봇포인트 이하에서 거래되고 있다면 약세장이라고 할 수 있다.

▶ <3분>KOSPI200 연결선물

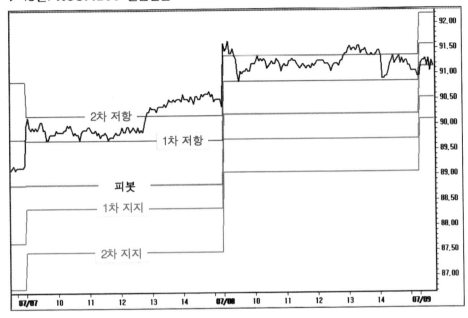

선물 3분차트의 종가 선차트이다.

　7월 7일의 경우, 1차 저항선과 2차 저항선에서 등락하다가 2차 저항을 상향돌파한 이후에 추가 상승하는 모습이다.

　7월 8일의 경우, 1차 저항선과 2차 저항선에서 당일 중요한 지지선과 저항선으로 작용하고 있다.

▶ <3분>KOSPI200 연결선물

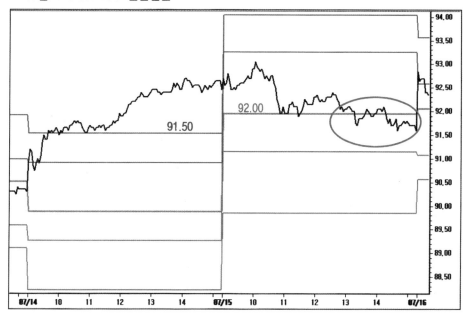

　　　7월 14일의 경우, 저항선인 2차 저항선을 상향돌파하고 난 이후
에 저항선이 지지선으로 전환되어 추가 상승하는 모습이다.

　　저항선인 91.50포인트를 상향 돌파한 이후에 91.50포인트 부근에서는
단기 매수의 기회를 노려야 할 시점이다.

　　이 때, 91.50포인트를 하락하면 바로 손절매해야 되는데, 손절매 폭은
짧게 할 수 있기 때문에 매수로 진입해 볼만 하다.

　　7월 15일 오후의 경우처럼, 피봇 포인트를 기준으로 등락하는 경우도
있기 때문에, 보조지표를 참고하는 것이 바람직하다.

▶〈3분〉KOSPI200 연결선물

순간적인 충격으로 인한
피봇포인트 하락돌파

비교적 지지선과 저항선에서 가격의 단기 변곡점이 되고 있다.

8월 12일, 지지선인 피봇포인트를 일시적으로 하락하였다가 회복하는 모습이 나타나는데, 이런 경우에 순간적인 충격으로 피봇포인트를 하향이탈했다고 판단할 수 있다.

이와 같이, 지지선이나 저항선에서 순간적인 충격으로 인해 돌파하는 모습이 나타날 수 있는데, 이런 점을 보완하기 위해 5MA를 보완적으로 활용할 수 있다.

▶<3분>KOSPI200 연결선물

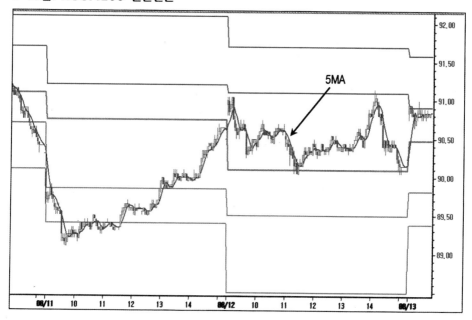

5MA

　　현재 캔들이 지지선을 하향이탈했다 하더라도 5MA가 하향이탈하지 않았다면 완전히 하향이탈하였다고 판단하긴 이르다.(저항선의 경우에도 마찬가지이다.)

　　8월 12일의 경우, 일시적으로 지지선인 피봇포인트를 하향이탈하지만, 5MA는 하향이탈하지 않은 상태이므로 완전히 피봇포인트를 뚫고 내려갔다고 판단하기는 이르다.

　　데이트레이딩에서도, 가격기준과 기술적 지표 기준으로 나누어 진입하는 것이 바람직하다.

제 4 장

기술적지표의 복합

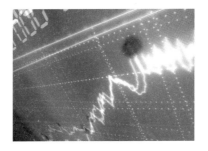

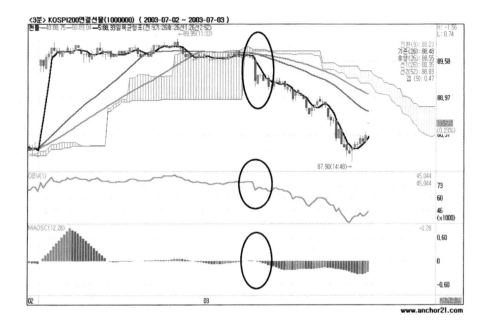

선물 3분 차트의 상단이 이동평균선(40MA, 60MA)과 일목균형표의 구름대이고, 하단이 OBV와 MACD 오실레이터 지표이다.

개장 이후, 바로 시장에 진입하기는 다소 부담스럽다고 할 수 있다.

왜냐하면, 시가가 형성된 이후 방향이 정해지려면 어느 정도 시간이 필요하게 되며, 시가에 갭으로 출발하면 기술적 지표는 왜곡되는 경우가 많기 때문이다.

따라서, 서둘러 진입하기보다는 나름대로의 패턴을 찾는 노력을 스스로가 해야 한다.

7월 3일의 경우, 오후장에 구름대와 이동평균선을 하향이탈하는 모습이 나타나고, OBV가 하락, MACD 오실레이터가 0 이하로 반전되면서 단기 급락하는 모습이다.

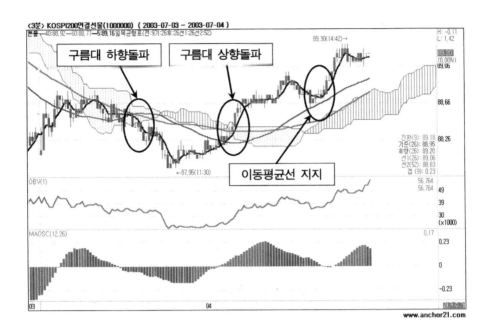

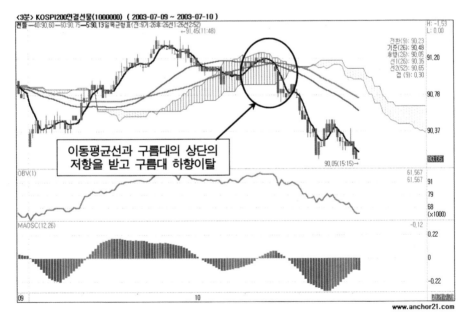

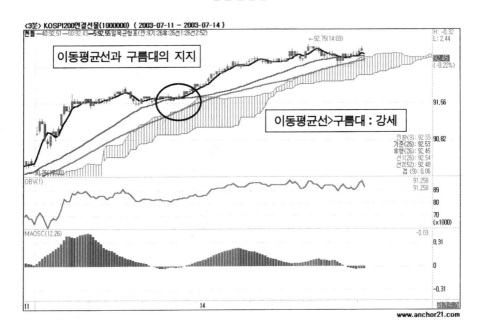

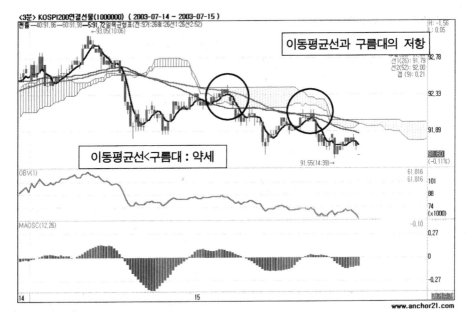

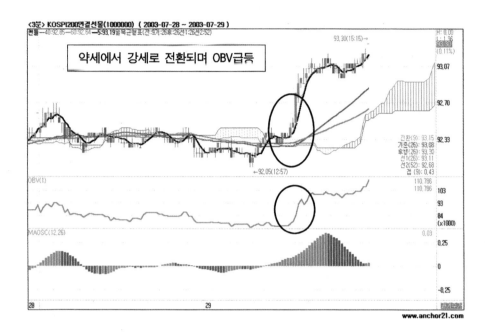

약세에서 강세로 전환되며 OBV급등

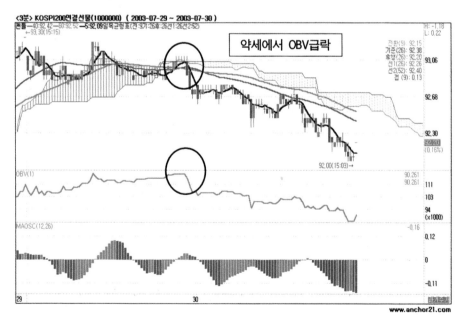

약세에서 OBV급락

■ ■ ■ ■ ■

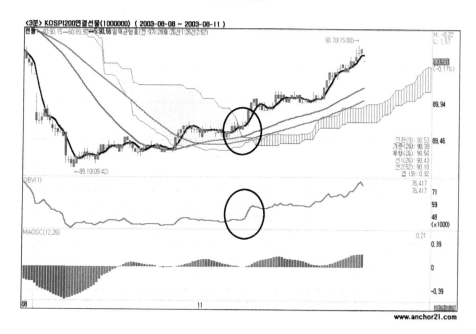

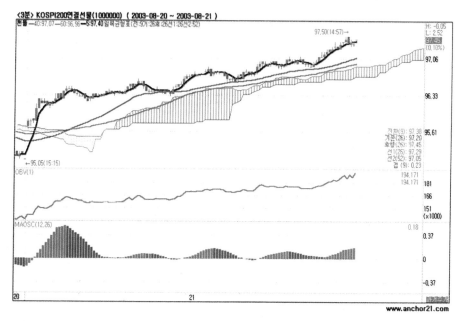

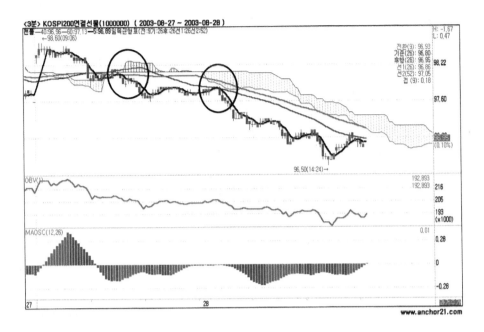

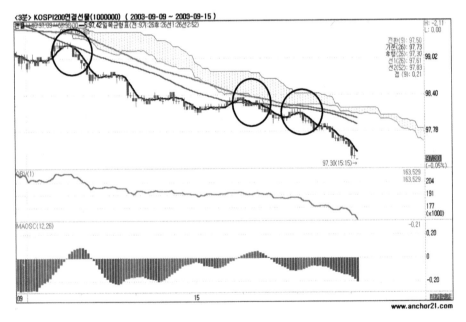

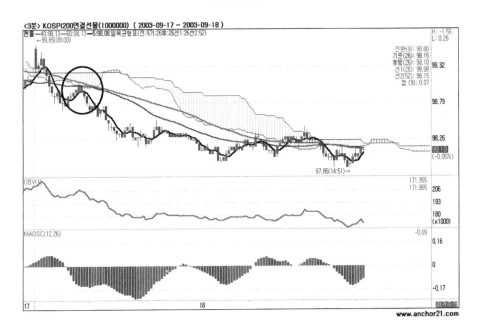

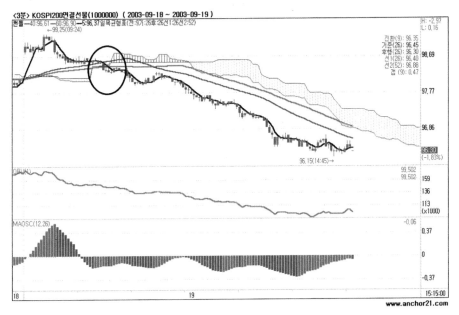

지금까지 단기차트인 3분 차트를 활용하여 몇 가지 데이트레이딩의 매매기법을 소개하였은데, 이외에도 얼마든지 다양한 매매기법을 개발할 수 있다.

중요한 것은 변곡점, 즉 지지선과 저항선에서 진입기회를 노려야 한다는 것이다.

변곡점에 대해서는 지금까지 계속 설명하였다.

데이트레이딩의 최대 장점은 오버나잇(Over Night)을 하지 않음으로써, 불확실한 위험을 0(zero)으로 만드는 것이다.

최근 데이트레이더(Day Trader)가 늘어나고 있는 추세이다.

데이트레이딩만으로 고수익을 올리는 것이 아주 쉬운 것은 아니지만, 그렇다고 정말 어려운 것도 아니다.

필자의 주변에도 데이트레이딩만 하면서 꾸준한 수익을 내는 투자자들이 있다.

지금까지 언급한 내용을 이해하고 그대로 실천할 수 있다면, 충분히 고수익을 올릴 수 있다고 확신하고 있다.

중요한 것은 아는 것을 실천하느냐 못하느냐에 달린 것이다.

제 6 부

새로운 투자기회 수단

제 1 장

국채(KTB)선물

1. 국채(KTB) 선물이란?

3년 국채선물인 KTB선물은 기준현물이 정부에서 발행한 국채이기 때문에 붙여진 명칭으로, 선물거래가 일정시점에 대상물을 사고 파는 것을 미리 약정하는 계약이듯이 국채선물 역시 국채를 미래시점에 사고 파는 것을 약정하는 계약이다.

기관투자자들의 중·장기 금리에 대한 해징수단으로 적극 활용되고 있으며 변동성이 크다는 장점으로 투기거래 또한 활발하게 이루어지고 있는 상품이다.

KTB선물의 상품 명세는 다음과 같다.

(1) 거래대상 : 표면금리가 8%이며, 6개월단위로 이자를 지급하는 방식의 3년만기 국고채.

(2) 최고가격 변동폭 : 1틱=0.01이며 10,000원의 가치이다.

(3) 거래시간 : 9시부터 15시까지 거래되며 만기일에는 9시부터 11시 30분까지 거래된다.(동시호가가 없으므로, 당일 첫 체결가격이 당일 시가가 된다.)

(4) 최종거래일 : 최종결제일의 직전거래일

(5) 최종결제일 : 결제월의 3번째 수요일

(6) 결제월 : 3, 6, 9, 12월

(7) 결제방법 : 현금결제

(8) 주문 증거금 : 기본예탁금은 없으며, 1계약 주문시 180만원의 증거금이 필요하다.

(9) 계좌 개설 : 선물회사를 통해서만 계좌개설하여 거래할 수 있다.(현재 12개 선물회사가 서울과 부산에서 영업을 하고 있다.)

KOSPI2000선물의 경우, 기본예탁금이 1,500만원이고, 주문증거금이 선물지수가 100일 때, 750만원으로 소액 투자자들이 참여하기에는 어려

움이 있다.(100×500,000×15%)

반면에 KTB선물의 경우 180만원의 비교적 소액으로 선물투자가 가능하다.

2. 채권가격과 채권 수익률의 관계

채권가격은 채권수익률과 역의 방향으로 움직인다.

즉, 채권수익률이 상승하면 채권가격은 하락하고, 채권수익률이 하락하면 채권가격은 상승하게 된다.

따라서, 채권수익률의 상승이 예상된다면 선물시장에서 매도를 취해야 하며, 하락이 예상이 된다면 선물시장에서 매수를 취해야 한다.

- 채권 수익률 상승에 따른 국채가격 하락 예상 : 국채선물 매도
- 채권 수익률 하락에 따른 국채가격 상승 예상 : 국채선물 매수

3. 국채선물의 변동성 요인

(1) 수익률(금리) : 가격과 역으로 움직인다.

(2) 물가

물가 상승 시 수익률 하락 => 국채선물 상승

물가 하락 시 수익률 상승 => 국채선물 하락

(3) 경기

경기회복 시 수익률 상승 => 국채선물 하락

경기침체 시 수익률 하락 => 국채선물 상승

(4) 채권 수급 물량

채권 수급 물량 과다 시 채권가격 하락 => 국채선물 하락

채권 수급 물량 과소 시 채권가격 상승 => 국채선물 상승

(5) 한국은행의 정채기조

저금리 정책 시 수익률 하락 => 국채선물 상승

고금리 정책 시 수익률 상승 => 국채선물 하락

■ ■ ■ ■ ■

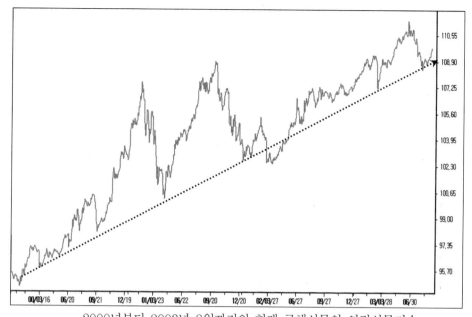

2000년부터 2003년 8월까지의 현재 국채선물의 연결선물지수 흐름이다.

2000년 2월에 95포인트를 기록하던 선물지수가 2003년 현재 110포인트 부근에서 거래되고 있다.

경기침체로 인해 저금리 정책기조가 유지되면서 국채선물가격이 상승 추세를 이어가고 있다.

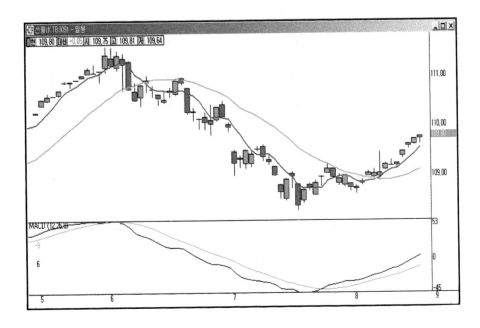

최근 국채선물 9월물의 일봉 차트이다.

6월에 최고점 111.64포인트를 기록하고 8월 1일에 108.31포인트
까지 하락하였다.

(111.64−108.31)=3.33포인트로서 1계약당 3,330,000원의 가치에 해당
되는 것으로서 증거금 대비 1.8배의 변동폭이다.

KOSPI200선물의 변동폭을 비교해 보면 국채선물의 변동폭이 더 큰 것
을 알 수 있다.

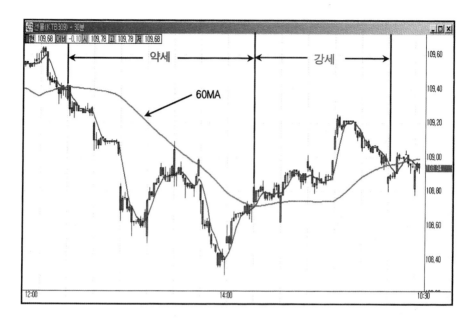

국채선물 2003 9월물의 30분 차트이다.

변동폭이 극히 적은 날은 10틱 내외인 경우도 있으며, 30틱 이상 변동폭이 큰 경우도 자주 발생한다.

장대 양봉 및 장대 음봉이 자주 발생하는 것을 알 수 있다.

60MA 부근에서 단기 변곡점이 형성되는 경우가 자주 발생하고 있다.

■ ■ ■ ■ ■

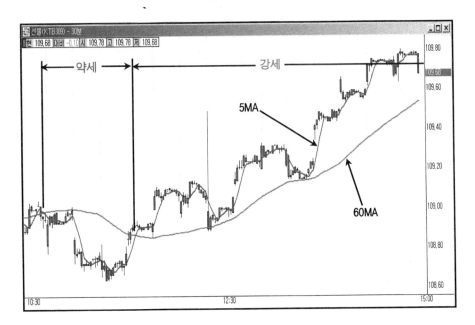

 5MA가 60MA를 상향돌파하면 강세장이라고 할 수 있다.

강세장에서 60MA는 지지선으로 작용하고 있다.

8월 19일 108.90포인트 부근에서 강세장으로 전환된 후, 9월 1일 현재 109.80포인트까지 상승하여 90틱 정도 상승하였다.

이같이 국채선물은 변동성이 크므로, 투기성향을 지닌 개인투자자들이 많이 참여하고 있다.

국채선물 성공
투자사례

지난 2003년 3월초, 국내 경제에 가장 큰 이슈는 SK글로벌의 분식회계 사건이었다.

당시 SK글로벌의 분식회계 뉴스가 나온 2월 27일 SK관련주는 급락을 하였다. 3월 11일 검찰조사결과 분식회계 규모는 약 1조 5,500억에 달한 다고 발표하였고, 임직원 10명을 기소하는 사태가 발생하였다.

검찰의 수사결과 발표 이후, SK계열 일부 회사채들에 대한 매도 욕구가 커지고 있었으며, 사자는 투자자는 전혀 찾아 볼 수 없었다.

이 당시 국채선물은 상승추세이던 지수가 고점대비 이틀 연속 하락하면 서 109포인트 부근에서 거래되고 있었다.

이 때, 평소 금리에 관심이 많았던 K씨는 투신권 펀드의 SK글로벌 관 련 회사채 문제가 불거진다면 금리는 단기간에 급등할 수 있다고 판단하 였다.

기술적으로도 일봉상 5MA를 하향이탈하면서 단기 약세국면으로 접어 든 시기였다.

K씨는 선물회사의 전문가와 상의하여 여유자금 1,000만원으로 채권선 물을 109.00포인트에 6계약을 매도하기로 결정하였다.(109.00 매도×6계 약)

다음 날, 3월 12일은 사상최대의 하락폭을 기록하는 폭락장이 연출되었다.

SK글로벌 사태로 촉발된 투신권 환매에다 외국인이 국채선물 매도에 가세하면서 국채선물은 추락에 추락을 거듭하였다.

이 날 3월물 선물은 무려 156틱 하락한 107.27을 기록했다.(3년물 금리 는 50bp가 올랐다.)

K씨는 단기간에 선물지수가 폭락하였기 때문에 12일 종가로 모두 청산 하였고, 이틀만에 100%에 가까운 큰 수익을 볼 수 있었다.

156틱×10,000원×6계약=936만원 수익

▶<KTB 연결선물 일봉>

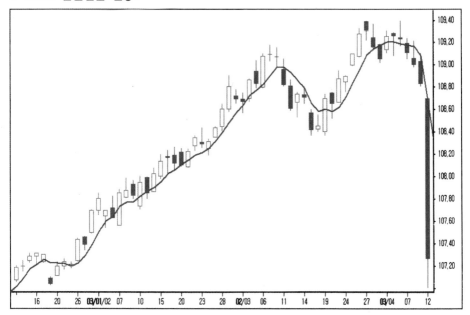

당시 2003년 3월 12일, 사상 최대 폭락을 나타낸 일봉 차트이다.

2개월의 상승폭을 단 하루만에 끌어 내렸다.

KOSPI200선물에서는 볼 수 없는 차트이다.

K모 씨처럼 평상시에 국채선물에도 관심을 가져 볼만하다.

위 차트에서 보듯이, 국채선물은 일봉상 지수 5MA 이상이면 강세, 이하이면 약세가 일반적이며, 5MA는 단기 변곡점으로 작용한다.

제 2 장

원달러(USD)선물

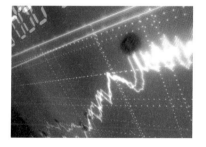

1. 원달러(USD) 선물이란?

선물 만기내에 미국달러 5만불을 사거나 팔기로 하는 선물계약이다.

1,110.0원에 달러선물 1계약을 매수했다면 만기일에 1,110×50,000=55,00,000원에 미국달러 5만불을 사기로 계약을 체결하는 것과 같다.

다른 선물상품과 달리 미국달러 선물은 만기까지 포지션을 보유하고 있다면, 실물을 인수도해야 한다.

즉, 최종결제일에 선물매수자는 1계약당 미국달러 50,000불에 해당하는 원화를, 선물매도자는 1계약당 미국달러 50,000불을 선물거래소를 통해 서로 교환하는 형태로 이루어진다.(만기 이전에 청산한다면 상관없다.)

외환위기 이후 외환자유화시대를 맞으면서 달러가치의 변동성 위험에 대한 인식이 대중화되어 원달러 선물은 개인이나 기업에게 환테크의 유용한 투자수단이 된다.

USD선물의 상품 명세는 다음과 같다.

(1) 거래대상 : 미국달러(USD)

(2) 거래단위 : US$ 50,000

(3) 결제월 주기 : 당월물 포함 연속 3개월 + 3, 6, 9, 12월

(4) 최소가격 변동폭 : 0.10원, 1틱의 가치 = 5,000원(1원 = 50,000원)

(5) 거래시간 : 9:30 ~ 16:30 (점심시간 없이 연속거래)

　　　　　　　　최종거래일 : 9:30 ~ 11:30

(6) 최종거래일 : 최종결제일 직전 2영업일

(7) 최종결제일 : 결제월 세 번째 수요일

(8) 최종결제방법 : 실물인수도

(9) 주문 증거금 : 1계약 주문시 200만원(기본예탁금은 없음)

(10) 계좌 개설 : 선물회사에서만 계좌 개설할 수 있다.

2. 외환시장의 환율변동 요인

(가) 경제적 요인

  (1) 이자율

    이자율의 상승은 단기자금의 유입을 초래하므로, 단기적으로 즉각적인 강세요인이다.

    ⇒ 통화가치 상승 ⇒ 환율 하락

  (2) 통화량

    GNP증가율은 감안한 통화량의 증가율이 상대적으로 높은 경우, 인플레이션을 상대적으로 높게 하여 약세요인이 된다.

    ⇒ 통화가치 하락 ⇒ 환율 상승

    (그러나, 정책의 신뢰도가 높은 미국, 일본 등에서는 통화량 억제를 위한 금리인상 가능성으로 단기적인 강세요인이 되는 경우도 있다.)

  (3) 인플레이션

    인플레율은 약세요인이다.

    ⇒ 통화가치 하락 ⇒ 환율 상승

  (4) 국제수지

    국제수지 적자 ⇒ 통화가치 하락 ⇒ 환율 상승

    국제수지 흑자 ⇒ 통화가치 상승 ⇒ 환율 하락

  (5) 경제성장률

    경제성장률 상승 ⇒ 통화가치 상승 ⇒ 환율 하락

    경제성장률 하락 ⇒ 통화가치 하락 ⇒ 환율 상승

(나) 정치적 요인

정치적 정세가 불안할 때는 해당국의 통화를 기피하여 안정된 투자대상으로 바꾸려는 투자자들로 인해 통화가치 하락으로 인한 환율이 상승한다.

최근 북한의 핵문제는 우리나라의 통화가치 하락(환율 상승)의 중대한 요인이 된다.

(다) 중앙은행의 통화정책

환율의 급격한 변동으로부터 보호하기 위해 중앙은행이 시장에 직접 개입하거나 금융 통제 수단으로 기준율, 할인율 등의 정책을 사용한다.

중앙은행이 시장에 개입하는 경우에는 단기적으로 강한 힘을 발휘한다.

(라) 시장참가자들의 예측과 기대

환율에 영향을 미치는 각종 경제지표 등을 미리 예측하여 거래를 하는 경우도 많고, 특히, 권위있는 경제연구소 및 애널리스트들의 예측이 환율변동에 영향을 미칠 수 있다.

(마) 기술적 요인

환율이 한 방향으로 과도하게 움직이다보면 단기적인 반등 또는 반락이 있게 되는데, 이같은 환율변동 그 자체의 작용에 따라 환율이 변동할 수 있다.

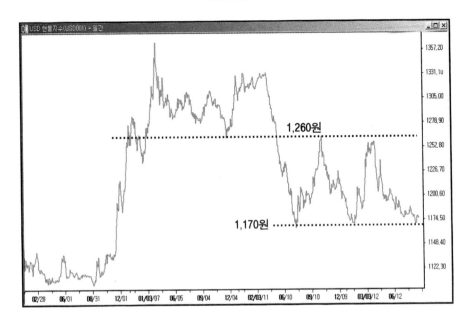

    2000년부터 2003년 8월 현재까지의 미달러 대비 원화의 흐름
이다.

2000년 9월에 1,105원하던 환율이 2001년 3월 1,365원까지 무려 260
원이나 급등했다.

반대로, 2002년 4월 1,330원하던 환율이 3개월만에 165원이나 급락하
기도 하였다.

이같이 환율의 움직임이 어떤 변동요인에 의해 단기적으로 큰 폭으로
변동할 수 있으므로, 환율에 민감하게 영향을 받는 수출입회사의 같은 경
우, USD선물의 헷지가 반드시 필요하다.

최근 환율은 1,170원대와 1,260원대에서 박스권으로 거래되고 있는 모
습이다.

수입업체의 경우, 현재시점이 USD선물 매수를 통해 환율상승에 대한
헷지가 필요한 시점이라고 할 수 있다.

최근 USD 연결선물의 일봉차트이다.

단기적으로 급등락이 자주 발생하고 있다.

단기적으로 접근하는 것보다 중기적으로 접근하는게 바람직하며 의미 있는 변곡점에서 진입기회를 노리는 전략이 필요하다.

1,260원대에서 하락을 보인 이후, 최근 전저점인 1,170원대에서 단기적으로 지지가 되는 듯한 모습이다.

이처럼 USD선물도 기술적 분석으로 접근이 유용하다.

■ ■ ■ ■ ■

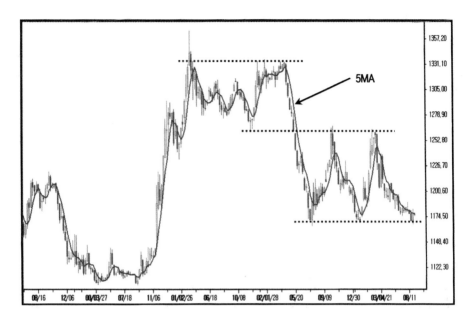

 USD연결선물의 주봉차트이다.

일봉에서보다 주봉에서 분석하는 것이 바람직하다.

주로 5MA 위에서는 상승추세, 5MA 아래에서는 하락추세인 경우가 일반적이다.

현재 3중바닥을 형성할 가능성이 많아 보이는데, 5MA를 상향돌파한다면 중기적으로 매수로 진입해 볼만한 시점이라고 할 수 있다.

원달러선물 성공
투자사례 1

2003년 3월 20일 메릴린치는 미국 경제의 부진으로 해외 투자자금 유치에 어려움을 겪을 것이라며 올해 미국 달러 가치의 전망을 하향조정한다고 밝혔다.

당시 이라크전이 단기간으로 끝날 것이며 전쟁 먹구름이 걷히면 아시아 지역 통화는 달러화에 대해 향후 1년간 강세(환율 하락)를 보일 것이라는 전망도 나오고 있었다.

이후, USD선물지수는 단기간에 급등락을 보이며 1,263원~1,240원대에서 거래가 되고 있었다.

기술적으로 1,260원대는 2002년 10월의 고점 부근이므로 저항을 받을 가격대이기도 하였다.(262페이지 주봉차트 참조)

평상 시 환율에 관심이 많던 L씨는 선물회사의 전문가와 상의하여 1,250원에 USD선물을 5계약 매도를 하여 1,210원대까지 보유하기로 결정하였다.(1,210 매도×5계약)

이후, 미국 무역적자로 인해 달러의 약세가 심화되면서 USD선물지수는 열흘만에 1,204원대까지 급락하였다.

L씨는 결국 1,210원에 6계약을 청산하여 100%의 수익을 낼 수 있었다.

(1,250−1,210)×50,000원×5계약 = +10,000,000원

이후, USD 선물지수는 전지점인 1,170원대까지 추가하락하였다.

이처럼, USD 선물은 투기적으로도 유용한 수단이 될 수 있다.

달러선물 성공
투자사례 2

신발을 수출하는 A회사의 김사장은 2003년 3월에 미국의 한 회사와 50만불의 수출 계약을 체결하였다.

대금결제 2003년 7월 미달러로 결제하기로 하였다.

계약체결 당시 환율은 1,240원에 거래되고 있었고, 추가상승이 예상되고 있어 김사장은 별 걱정이 없었다.

그러나, 미국 달러가치의 하향조정하는 분석이 나오고, 이라크 전쟁과 관련하여 환율이 하락할 가능성이 많다는 분석이 나오기 시작하였다.

김사장은 선물회사의 전문가와 상의하여 50만불에 해당하는 USD선물 10계약을 1,240원에 매도하여 100% 햇지하기로 결정하였다.

(1,240 매도×10계약)

이후, 결제시점에 환율은 1,170원대까지 크게 하락한 상태였다.

결국, 김사장은 환율하락에 대한 손실을 USD선물을 이용하여 큰 손실을 막을 수 있었다.

김사장의 손익계산은 다음과 같다
- 수출 대금 : $(1,170-1,240) \times \$500,000 = -35,000,000$원
- USD선물 매도 : $(1,240-1,170) \times 50,000$원$\times 10$계약 $= +35,000,000$원

만일, 김사장이 선물시장에서 매도 포지션을 취하지 않았다면 환율하락으로 인해 고스란히 35,000,000원의 손실이 발생했을 것이다.

그러나, USD선물 매도햇지로 인해 환율하락에 대한 위험을 0(zero)으로 만든 것이다.

수출회사의 경우, 선물시장의 USD매도를 통해 환율하락에 대한 위험을 회피한 좋은 사례이다.

달러선물 성공
투자사례 3

정밀 계측기를 수입하는 B회사의 박사장은 2000년 7월 미국의 한 회사와 100만불에 해당하는 수입계약을 체결하였다.

대금결제는 2001년 1월에 미달러로 결제하기로 하였다.

계약체결 당시 환율은 1,115원에 거래되고 있었다.

IMF 때, 환율상승으로 인해 크게 고생을 해본 경험이 있는 박사장은 선물시장에서 매수를 통해 환율상승으로 인한 위험을 100%로 없애기로 하였다.

박사장은 선물회사의 전문가와 상의하여 1,115원에 20계약 매수를 체결하였다.

수입대금을 결제해야 할 시점인 2001년 1월에 환율은 크게 상승하여 1,280원에 거래되고 있었다.

결국, 박사장은 선물시장에서의 햇지를 통해 큰 손실을 막을 수 있었다.

박사장의 손익계산은 다음과 같다.
- 수입 대금 : $(1,115-1,280) \times \$1,000,000 = -165,000,000$원
- USD선물 매수 : $(1,115-1,280) \times 50,000$원$\times 20$계약$= +165,000,000$원

만일, 박사장이 선물시장에서 매수 포지션을 취하지 않았다면 환율상승으로 인해 고스란히 165,000,000원의 손실이 발생했을 것이다.

그러나, USD선물 매수햇지로 인해 환율상승에 대한 위험을 0(zero)으로 만든 것이다.

수입회사의 경우, 선물시장 USD매수를 통해 환율상승에 대한 위험을 회피한 좋은 사례이다.

이와 같이 KTB선물과 USD선물이 투기 목적 및 헤징 목적으로 새로운 투자의 수단이 될 수 있다.

투자금액이 비교적 적은 투자자들은 관심을 가져 볼만한 상품이다.

펀더멘털에 대한 이해가 부족하더라도 두 가지 상품 모두 기술적 분석만으로 얼마든지 투자가 가능하다.

KTB선물의 경우, 평균 거래량이 4~5만 계약 정도이므로 유동성에는 큰 문제가 없이 거래를 할 수 있고, 단기적 및 중기적 투자로 접근할 수 있다.

현재 외국인, 은행, 투신, 증권, 개인이 골고루 거래하고 있으며, 주로 외국인의 매매가 시장에 많은 영향을 미치는 편이다.

USD선물의 경우에는 평균 거래량의 5,000계약정도로 유동성이 취약한 편이다.

당국의 개입이나 엔화의 흐름 및 국제적 정세 등으로 단기간에 급등락의 경우도 많아 단기적 투자접근보다도 중기적으로 접근하는 것이 바람직하다.

투기적인 매매기회로 활용할 수도 있고, 수출입회사와 같이 환율변동에 민감한 회사의 경우, 선물시장을 통해 환율변동의 움직임으로부터 위험을 회피하는 것이 바람직하다.

박선물(본명: 박선철)

그는 선물도시인 부산에서 태어나 자동차 연구소에서 연구원으로 근무하던 중, 선물이 좋아 선물맨으로 대변신하여 외환선물(주) 부산지점에 근무하고 있으며, 이름조차도 박선물로 바꾼 선물전문가이다. 그는 5년 전에 우연히 선물옵션 전문교육과정을 계기로 자격증을 취득하면서 선물맨으로의 대변신이 시작되었다. 이후 선물 전문기업인 K&R Futures(주)에 입사하면서 KOSPI200 선물옵션의 투자전략을 기획하여 선물포털사이트 개통에 참여했으며, ekudos 등에 선물투자전략 필진으로 활동하기도 하였다.

매경 및 국제선물연구원 등에서 기술적분석 강의를 시작하였고, 일반투자자를 대상으로 일목균형표 및 시스템트레이딩 등의 투자강연회도 수회 개최하였다. 그동안 생생하고 풍부한 현장경험을 통해 쌓아온 노하우를 가지고 심혈을 기울여 집필하였다.

금융자산관리사(FP) / 투자상담사 1,2종 / 선물거래상담사 외 다수

김기명

그는 외환선물(주) 부산지점장으로 근무하였다. 그를 한마디로 말하자면 선물에 미쳐있는 사람이다. 재경경제부 소속 예금보험공사에 재직시설 IMF구제금융을 받은 직후 금융기간 정리분석차 해외의 은행 조사단으로 나가서 해외은행들의 리스크관리의 허술함에 통탄을 금치 못하고 그 길로 시작하여 선물의 길로 접어들었다. 리스크관리가 제대로 되지 않는 나라나 기업은 대가를 치르게 뇌었다. 그것을 제대로 해보자고 뛰어든 사람이다.

그는 일찍이 부산은행의 국제부서에서 10년간 국제금융 및 선물분야에 종사하였고, 동남은행에서 리스크관리부서와 국제금융관련 전임교수를 역임하고 연수팀장의 경력을 가지고 있다. 정부조직의 근무 후 금융기관 및 국가기관 각 대학교 및 대학원 등에 선물 및 리스크관리에 관한 강의를 계속하고 있으며, 저서로는 미국 선물중개사(1999, 테라피코)가 있으며, 부산의 선물거래소 개장과 함께 부산 최초로 선물포털사이트인 K&R Futures(주)의 대표이사를 역임하였다. 이 책은 그간의 노하우를 담아 이 분야의 전문가인 박선물의 집필을 도와 발간하게 되었다.

미국공인선물중개사 / 외환관리사 / 선물거래상담사 등

박선물의 선물투자

고수(高手)의 법칙

인쇄일	2022년 1월 20일
발행일	2022년 1월 25일
저 자	박선물 · 김기명
발행처	신 진리탐구
신고번호	제2022-000007호
주 소	서울시 금천구 시흥대로 492 삼주빌딩
전 화	(02) 866-9410
팩 스	(02) 855-9411
이메일	san2315@naver.com

* 지적 재산권 보호법에 따라 무단복제복사 엄금함.
* 책값과 바코드는 표지 뒷면에 있습니다.